LE

BONNET ROUGE

PAR RABAN.

⁕

Tome second.

⁕

PARIS.

AUG. RORET, LIBRAIRE-ÉDITEUR,
RUE DES POITEVINS, N. 2.

1834

LE

BONNET ROUGE.

LE
BONNET ROUGE

PAR RABAN.

●

Tome second.

●

PARIS.

AUG. RORET, LIBRAIRE-ÉDITEUR,
RUE DES POITEVINS, N. 3.

●

1834

LE
BONNET ROUGE.

<hr>

I.

Grâce, fuite, désespoir.

La première personne qui frappa les regards de Simon lorsqu'il revint de son évanouissement fut la comtesse, qui, à genoux, les mains jointes et le

visage inondé de larmes, attendait dans
une anxiété terrible le moment où son
hôte pourrait l'entendre et d'un mot
sauver son frère. L'heure de l'exécution approchait; déjà on dressait, à
quelques pas de cette maison, la fatale
machine, et les coups de marteau des
ouvriers qui s'empressaient d'édifier ce
sanglant théâtre se faisaient entendre
jusque dans la chambre du blessé.

— Grâce! grâce! s'écria Mme de Saint-
Alvar dès qu'elle vit que Simon avait
rouvert les yeux.

— Est-ce bien vous qui me demandez grâce? dit-il d'une voix faible.

Puis, après avoir regardé autour de

lui et s'être recueilli un instant, il reprit:

— Ah! oui, je me rappelle... du sang, toujours du sang!... Oh! il en faudrait beaucoup pour éteindre le feu qui me dévore!...

— Oh! je vous en conjure, sauvez mon frère!... prenez, s'il le faut, ma vie en échange de la sienne.

— Votre frère... le comte de Kerkalec, l'auteur de tous mes maux, ce monstre qui m'a brisé le cœur, m'a enlevé toutes mes illusions, et a fait de ma vie un long supplice!...

— Au nom de Dieu, ne rejetez pas ma prière!... L'échafaud est dressé; encore quelques instans, et tout sera consommé... En serez-vous plus heureux?...

— Eh! comptez-vous pour rien le moment où j'entendrai tomber sous le couteau la tête de ce monstre? celui où, de ma fenêtre, je pourrai voir l'exécuteur montrant au peuple cette face contractée dont l'aspect m'a tant fait souffrir, et ce corps mutilé dans lequel n'a jamais battu un cœur d'homme?... Est-ce ma faute si, de tous les plaisirs de ce monde, vous ne m'avez laissé que celui de la vengeance?

— Voudriez-vous punir si cruellement d'un moment d'orgueil, d'amour-propre, la femme que vous aviez crue digne de votre amour?... Oh! non, cela est impossible! vous ne voudrez pas, par vos actions, venir en aide à nos préjugés, en nous montrant le peuple plus féroce encore que nous ne l'imaginions... Et, s'il le faut, monsieur, je vous rappellerai que vous me devez la vie et je vous sommerai d'acquitter cette dette... mais non, cela est inutile, et j'ai'à faire valoir des souvenirs plus doux : ne suis-je pas à vous? voulez-vous que l'on puisse dire que je me suis donnée à l'assassin de mon frère ?

— Oh! s'il était vrai!... si je n'avais pas cessé de posséder ce cœur!...

— Les preuves ne vous manqueront

pas; mais, au nom de Dieu, n'hésitez plus.

— Écrivez donc! dit-il en soupirant.

La comtesse se releva, s'assit devant une table garnie de papier, plumes, encre, etc., et elle écrivit sous la dictée de Simon:

« Par mesure de sûreté publique, il est sursis à l'exécution du ci-devant comte de Kerkalec, lequel sera mis et restera en état d'arrestation dans son domicile jusqu'à nouvel ordre. »

—Est-ce tout? dit la comtesse, dont le visage rayonnait de joie.

— Oui; seulement il faut que je

signe, et ce n'est pas le plus facile, car
je me sens bien faible.

Mme de Saint-Alvar s'empressa de
lui présenter une plume ; elle plaça devant lui le papier sur lequel elle avait
écrit, et comme, malgré les efforts qu'il
faisait, Simon ne pouvait parvenir à se
mettre sur son séant, elle le prit dans
ses bras, le souleva doucement, et le
tint ainsi jusqu'à ce qu'il eût apposé sa
signature au bas de l'ordre. Il semblait
au pauvre garçon qu'il fût dans un
monde nouveau, que sa poitrine s'élar-
gissait et que son cœur y battait plus à
l'aise.

— Oh! c'est maintenant que je re-

gretterais la vie s'il me fallait mourir,
dit-il.

La comtessé le reposa avec précau-
tion sur l'oreiller, et, munie du précieux
papier, elle courut à la prison. Une
heure après, le comte de Kerkalec
était chez lui, et il tenait conseil avec
sa sœur sur le parti qu'ils devaient
prendre.

— Il faut partir, disait Mme de Saint-
Alvar, partir le plus promptement
possible.

— Mais où aller ? n'y a-t-il pas partout en France maintenant des prisons
et des échafauds pour nous? Cette
pensée, ma sœur, me fait presque re-

gretter que vous ayez empêché ce misérable, cette bête féroce de consommer son crime : qu'importe de mourir ici ou un peu plus loin ? Eh ! n'est-ce pas un effroyable supplice que de devoir quelque chose à cet homme ?

— Je pense, mon frère, qu'il est plus facile de vivre ignoré à Paris que partout ailleurs. Nous changerons de nom, nous nous ferons peuple, nous tâcherons de hurler avec les loups.

— Vivre ! vivre ! comme si la vie était chose si douce et si désirable !.... Mais de quoi vivrons-nous ? Dès que nous aurons disparu, on ne manquera pas de nous inscrire sur la liste sanglante des émigrés ; mes biens et les

vôtres deviendront la proie de ces
vampires. Nos maux ne sont-ils pas
assez grands? faut-il y joindre le mal
de la pauvreté, le plus grand de tous?

—Eh bien! nous travaillerons, mon
frère; et puis, il est impossible que ce
temps de désolation se prolonge; le
jour de justice ne saurait être éloigné... Au nom de Dieu! consentez à
m'accompagner à Paris!...

— Que votre volonté soit faite, ma
sœur. Au reste, je sens qu'il me serait
impossible de me contenir devant ce
misérable, et l'entrevue serait inévi-
table si je restais plus long-temps ici...
Partons donc. Mais, en vérité, je le
répète, la vie ne me semble pas valoir

que nous nous donnions tant de peine pour la conserver, et je suis tenté de regretter que vous m'ayez empêché de partir pour un monde meilleur.

Les préparatifs du départ furent bientôt terminés. Mme de Saint-Alvar rassembla ses bijoux, les effets les plus précieux qui pouvaient être enlevés facilement, elle se procura le plus de numéraire possible, et, vers la fin du jour, elle se rendit, accompagnée de son frère, sur la route de Paris, où les attendait une voiture dont le conducteur avait été largement payé.

Ces divers événemens, malgré leur gravité, n'avaient pas fait une grande sensation dans la ville ; tant d'émotions fortes avaient blasé le peuple depuis quelques années, qu'il s'occupait à peine maintenant des plus grandes catastrophes. Qu'était-ce qu'une tête de plus ou de moins sur l'échafaud révolutionnaire ? qu'étaient un suicide et un assassinat dans ce grand drame où les victimes se comptaient par milliers avant qu'il fût possible de prévoir quel serait le dénouement? Le bourreau reçut une prime de moins; Lucie fut enterrée sans qu'on s'informât des causes de sa mort, et Simon, sur son lit de douleur, n'en parut ni plus ni moins redoutable.

La journée s'était assez bien passée

pour le blessé: on eût dit que l'espoir du bonheur, qu'il croyait prochain, diminuât la gravité de sa blessure. Vers le soir, il sentit assez de force pour se tenir dans un fauteuil, et il s'y fit placer malgré la défense du chirurgien; car il s'attendait à chaque instant à recevoir une nouvelle visite de la comtesse, et il voulait lui rappeler ce jour de délices où, dans une position à peu près semblable, ils avaient échangé les premiers mots d'amour. Cependant, la nuit était venue, les heures s'écoulaient, et Mme de Saint-Alvar ne paraissait point; l'impatience, la fièvre, l'amour et l'inquiétude dévorent en même temps ce malheureux; les secondes lui semblent des années;

enfin, ne se contenant plus, il sonne ;
un domestique paraît.

— Allez dire à Mme de Saint - Alvar que je désire l'entretenir un
instant.

— Monsieur... citoyen...

— Bon, bon ! je vous passe le mot.

— C'est que Mme la com..., c'est-à-
dire la citoyenne, ne peut pas...

— Elle ne peut pas! s'écria Simon,
dont ce seul mot avait bouleversé les
traits, elle ne peut pas!... Est-ce elle
qui t'a chargé de me faire cette ré-
ponse?... Elle ne peut pas!... mais ou-
blie-t-elle tout ce que je puis, moi?...

ne sait-elle pas que d'un mot, d'un seul mot, je puis rendre demain au bourreau la proie que je lui ai enlevée ce matin?... Malédiction! serais-je encore trompé!... Il faut que je la voie ce soir, à l'instant même... il faut qu'elle vienne ici... va lui dire qu'il le faut... que je le veux!...

Le pauvre diable de domestique était immobile et muet de terreur : cependant, après avoir balbutié quelques fragmens de mots, il reprit un peu d'a-plomb et se sentit le courage de présenter à Simon une lettre que, depuis quelques instans, il passait d'une main dans l'autre, en attendant qu'il lui vînt assez de résolution pour la remettre à son adresse.

— Une lettre! une lettre! s'écria Simon; mais donne donc, misérable!.....

Il l'arracha des mains du domestique, l'ouvrit par un mouvement convulsif et lut :

« En sauvant nos têtes, nous vous faisons le sacrifice de nos biens : c'est une rançon que vous trouverez suffisante, je l'espère. Les honnêtes gens, dans ce temps de désolation, n'ont que l'alternative de fuir ou de se défendre, et nous ne fuyons que parce que la défense serait inutile. Mais le jour de la justice viendra; le peuple, qu'on trompe, ouvrira les yeux, et il prononcera entre ses amis et ses bourreaux. Alors, monsieur, puisque le malheur des temps a voulu que je vous eusse quelques obligations, je m'acquitterai en vous protégeant contre de trop justes représailles. J'espère, d'ici là, ne pas entendre parler de vous; et si cela peut avoir quelque influence sur le rétablissement de votre santé, je veux bien vous pardonner tous les maux que vous m'avez faits. »

— Eh! crois-tu que je te pardonne, moi! s'écria Simon en froissant et déchirant cette lettre avec rage. Oh! non, non!... c'est trop de tortures... je me sens capable de t'aller chercher jusque dans les entrailles de la terre... O Lucie! tu seras vengée!... oui, oui, vengeance! c'est pour me venger que je veux vivre!...

La fureur qui le possédait était telle qu'il avait quitté son fauteuil et se promenait à grands pas dans sa chambre; mais la réaction fut prompte et terrible; l'appareil placé sur sa blessure se dérangea, son sang jaillit de nouveau, ses jambes fléchirent, et il tomba sans connaissance sur le parquet.

— Ma foi, dit le domestique, qui, depuis quelques instans se tenait collé contre la muraille, osant à peine respirer, c'est bien heureux qu'il n'ait pas trouvé de quoi mordre pendant qu'il était si bien en train d'aboyer!...

Eh! dire pourtant que c'est un homme
de la nation, un ami du peuple qui se
met dans un état comme ça, à propos
de trois ou quatre lignes écrites par
une ci-devant!... Dieu de Dieu! les
gens du jour d'aujourd'hui en voient
de sévères, tout de même!... Pourtant
ça n'est pas une raison pour laisser
mourir les amis du peuple... C'est qu'il
paraît que celui-ci est assez disposé à
prendre le chemin de l'autre monde...
Écoutez donc, citoyen, si ça peut
vous faire plaisir... d'autant plus que
les droits de l'homme sont en vigueur...
Diable m'emporte! je crois que le citoyen est mort!... Faut-il être simple
pour se faire du mal comme ça!... Allons donc, citoyen, laissez-vous repo-

ser votre emplâtre, et tâchez de mettre
de l'eau dans votre vin... Les comtesses,
voyez-vous, ça n'est pas une pâte de
femmes ordinaires...

En parlant ainsi, il s'était approché
de Simon et avait de nouveau bandé
sa plaie; puis, réunissant ses forces, il
le porta sur le lit, et sortit pour faire
appeler le médecin, qui arriva bientôt.

— Que s'est-il donc passé? demanda
le docteur en s'efforçant de faire revenir le blessé de son évanouissement.

— Dam, monsieur le docteur, répondit le domestique, que voulez-vous
que je vous dise! depuis un an ou deux,
je ne comprends plus rien au monde;

on se tue, on se bat, on se fait couper la tête, on s'appelle *patriote, citoyen, aristocrate*, pour un oui pour un non... Entre nous, je crois que le citoyen commissaire a le diable au corps et qu'il faudrait l'exorciser... mais ils ont tué les prêtres, et...

— Silence, malheureux! dit le médecin.

Simon venait de faire un mouvement, le domestique s'enfuit, et le docteur continua à donner ses soins au blessé.

II.

II.

Ruine.

Ce ne fut pas sans courir quelques dangers que le comte de Kerkalec et sa sœur arrivèrent à Paris ; plus d'une fois, en chemin, le défaut de passeports faillit les faire arrêter; mais, fort heureusement, ils étaient munis d'or, et dans tous les états du monde, voire même dans la meilleure des ré- publiques, l'or est un passeport à l'aide duquel on peut se passer des autres. Ainsi donc, chaque fois qu'un gen- darme ou un officier municipal de vil- lage faisait arrêter la voiture, le comte en était quitte pour tirer sa bourse en guise de portefeuille; et attendu que les autorités de ce temps-là étaient aussi incorruptibles que celles de ce temps-ci, il trouvait peu de récalci- trans.

Paris était bien changé lorsque ma- dame de Saint-Alvar et son frère y arrivèrent : on n'y voyait plus ni riches équipages ni valets en livrée ; on eût dit que l'aristocratie était rentrée dans le néant; elle avait peur et faisait la morte. Ce ne fut pas sans peine que M. de Kerkalec se façonna au langage et aux mœurs du moment : la comtesse souffrait horriblement ; le mot *citoyen* lui déchirait en même temps la bouche et les oreilles; mais enfin, ils se résignèrent : la nécessité a bien fait d'autres merveilles! Il était peu sûr de loger en hôtel garni; le comte loua un appartement et le fit meubler modestement, ce qui ne lui coûta pas grand argent, car les meubles n'étaient pas chers depuis qu'on s'était avisé de garnir les chaumières aux dépens des

châteaux, méthode dont le peuple souverain se trouvait fort bien.

— Citoyen, lui dit le tapissier, je te
traiterai en ami, si tu paies en *luméraire*. Ça n'est pas que le papier de la
nation me soit inférieur, au contraire :
les assignats, c'est de l'or en barre ;
mais ça a l'inconvénient de craindre le
feu et l'eau, ce qui est désagréable.

Le comte fit prix et paya en or.

— Diable! dit encore le tapissier
en comptant les espèces, il paraît,
citoyen, que tu as peur de salir ta
poche avec le papier de la république... ça me paraît louche... Est-ce que,

par hasard, tu aurais la chose de ne pas être patriote?

— Je le suis autant que vous, mon ami.

— Qu'est-ce que ça veut dire *vous?* Égalité, fraternité ou la mort!... ce qui veut dire que les citoyens doivent se tutoyer, partager en frères ou se faire raccourcir. On connaît ses droits... Les patriotes n'accaparent pas le *luméraire,* c'est une chose connue, et tu as là une bourse qui sent l'aristocrate d'une lieue... Vous autres, ci-devant, vous ne pouvez pas vous fourer ça dans la tête...

— Mais, je ne suis pas...

— Laisse donc tranquille ! avec tes mains blanches comme neige, et tes louis à la face du tyran... Est-ce que j'ai l'honneur d'être président de ma section pour des prunes donc?... On connaît ma capacité, je m'en flatte...

Cela prenait une fort mauvaise tournure; le comte était d'autant plus mal à son aise que son interlocuteur ne paraissait pas disposé à le tenir quitte; la vue de l'or avait doublé le patriotisme de l'honnête président de section; il avait flairé l'aristocrate, et c'était une proie qu'il ne voulait pas laisser échapper.

— Citoyen, dit le comte, personne n'a le droit de me demander compte de mes opinions, et mon civisme est plus pur peut-être que celui des gens qui en font parade.

— Ah! tu crois que personne n'a le droit!... et la loi sur les suspects donc?

— En quoi puis-je paraître suspect?

— En quoi! eh bien, il a du front le citoyen!... Il a des louis, les mains blanches, il se permet d'accaparer le *luméraire*, de dire *vous* à un président de section, et il demande en quoi..... On te le fera voir, mon garçon,

— Finissons, dit le comte; si ce numéraire vous déplaît si fort, je suis prêt à le changer contre des assignats.

— A la bonne heure! voilà une bonne parole... Voyons, combien en reste-t-il dans ta bourse... une centaine? compte-les et je vais te faire l'amitié de te donner du papier tout neuf, sans escompte... Oh! faut pas croire que parce qu'on est président de section on soit arabe comme un juif... du tout; je suis patriote, pas autre chose... ce qui fait que je n'aime pas les accapareurs... et voilà deux mille quatre cents livres en assignats de la dernière série. Maintenant, citoyen, donne-moi ton adresse et je vais t'envoyer tes meubles.

Le comte en eût bien volontiers fait le sacrifice pour se débarrasser de cet homme; mais il pensa que, dans sa situation, la protection d'un président de section n'était pas chose à dédaigner, et il savait maintenant à quel prix cette protection lui serait acquise. Il prit donc, sans répugnance, les assignats, qui perdaient plus de cinquante pour cent, et les meubles furent portés dans l'appartement qu'il avait loué.

Pendant quelque temps, la comtesse et son frère vécurent assez tranquillement; ils sortaient peu et faisaient le moins de dépense possible, car aussitôt après leur disparition, leurs biens, comme ils l'avaient prévu, avaient été séquestrés comme biens d'émigrés, et

il ne leur restait d'autre ressource que
la somme qu'ils possédaient, et qui,
en y comprenant les bijoux de Mme de
Saint-Alvar, ne s'élevait guère à plus
de 10,000 francs. Ils ne recevaient
personne, et n'avaient qu'une vieille
femme pour domestique. La comtesse
fut donc bien surprise, un jour que
son frère s'était absenté pour quelques
instans, lorsque la domestique vint lui
dire qu'un homme qui avait le verbe
haut et parlait en maître voulait absolument entrer, bien qu'elle lui eût dit
que monsieur Albert (c'était le nom
qu'avait pris le comte) ne fût pas chez
lui. La vieille parlait encore lorsqu'un
homme entra, le bonnet sur la tête.

— Bonjour, citoyenne, dit-il à la comtesse; tu ne me connais pas?... il n'y a pas de mal; la connaissance sera bientôt faite : je suis le citoyen Chinard, tapissier de mon état, patriote par goût, et président de ma section dans l'intérêt du peuple.

— Ah! je crois me rappeler! monsieur est le tapissier qui nous a vendu...

— Tapissier, à la bonne heure; mais pas de *monsieur*, si tu veux que nous soyons cousins.

— Pardon, citoyen... c'est que...

— Bon, suffit; assez sur l'article. D'ailleurs, citoyenne, je viens pour te rendre service, ainsi qu'à ton frère.

— Soyez le bien-venu... mais qu'y a-
t-il donc?...

— Ah! il y a que les frères et amis
de la section ont bon pied, bon œil et
la langue bien pendue ; d'où il suit qu'ils
disent naturellement ce qu'ils ont vu
et entendu. Eh bien! ils ont dit hier
une chose dont je m'étais déjà douté et
à laquelle je m'étais donné la peine de
remédier autant que ça m'avait été possible : c'est que toi, citoyenne, et le
citoyen ton frère, n'êtes autre chose
que des accapareurs de *luméraire ;* ils
prétendent qu'il ne se passe pas de jour
sans que cette vieille sempiternelle,
qui voulait me faire faire antichambre
comme du temps de la tyrannie, ne

change quelques-uns de vos écus.....

—Cela prouverait, au contraire, que nous ne voulons en empêcher la circulation.

—A la bonne heure ; mais ça prouve aussi que vous en avez un peu trop tandis que d'autres n'en ont pas assez, ce qui est contraire à l'égalité, et vous a fait dénoncer comme suspects, rien que ça!... Eh! savez-vous ce qu'on en fait des suspects?... on commence par leur faire siffler la linotte et on finit par leur couper le sifflet...

En ce moment, le comte rentra, et le patriote Chinard voulut bien se donner la peine de lui répéter tout ce qu'il avait dit à Mme de Saint-Alvar; puis il ajouta :

— Quand j'ai eu vu de quoi il retournait, je me suis dit : Chinard, tu es patriote et président, c'est vrai, mais tu as reçu hier pour dix mille livres d'assignats, ce qui te permet de rendre un fameux service au citoyen en question et à la citoyenne sa sœur qui ont le malheur de n'avoir que du *luméraire*; là-dessus, j'ai levé la séance, j'ai été chercher mon papier, et je viens vous débarrasser de vos espèces dangereuses.

— Mais, citoyen Chinard, dit le comte en s'efforçant de contenir son indignation, en supposant que nous

ayons cette somme en espèces et que
nous consentions à l'échange que vous
nous proposez, vous deviendriez l'acca-
pareur et vous seriez alors menacé
des dangers dont vous voulez nous
garantir.

— Eh bien ! il est encore bon enfant
le citoyen !... Ah ça, mon garçon, à quoi
donc que ça servirait d'être patriote et
président, si on n'avait pas la liberté ?...
Les patriotes sont libres, entièrement
libres... Quant aux aristocrates, c'est
une autre paire de manches, ce qui fait
qu'on ne les habille pas de la même
étoffe. Il n'y a pas de milieu : si tu ne
prends pas mes assignats tout de suite,
tu prendras le chemin de la prison

dans dix minutes, en compagnie de la citoyenne, qui vous lâche des *monsieurs* gros comme le bras, et j'ai dans l'idée que, quand on vous tiendra, on ne vous laissera pas pourrir sous les ver- roux.

M. de Kerkalec était furieux et ne maîtrisait sa colère qu'avec la plus grande peine ; dix fois il fut sur le point de prendre le tapissier patriote par les épaules et de le jeter à la porte ; mais les suites terribles que cela aurait pu avoir pour sa sœur et pour lui le firent s'arrêter à un parti moins violent.

— Il pourrait pourtant se faire, dit- il encore, que nous n'eussions pas la somme que vous demandez.

—Je ne dis pas le contraire... comme il peut se faire aussi que le tribunal révolutionnaire ne vous fasse pas languir tous les deux plus de vingt-quatre heures.

— Scélérat! murmura le comte.

— Citoyen, dit Chinard, qui l'avait entendu, les scélérats sont ceux qui, à force de tondre le peuple de si près, l'ont forcé à se faire loup d'agneau qu'il était; et il ne faut pas être bien malin pour voir que tu as plus vécu avec les tondeurs qu'avec les tondus : ainsi, de deux choses l'une, tu garderas ta peau ou tes écus : choisis...

Le comte reconnut qu'il y avait force

majeure, et ne songea plus à résister ;
sans proférer un mot il ouvrit son se-
crétaire, compta la somme que de-
mandait Chinard, et prit en échange
les assignats, qu'il froissa dans ses mains
et jeta au feu.

— Bravo ! dit le tapissier, voilà un
beau trait, citoyen!... La nation ne sera
pas obligée de rembourser ceux-là, et
elle ne s'en plaindra pas, car elle n'est
pas riche la nation... Au revoir, mes
amis.

— J'ai eu tort de sacrifier cette
somme, dit M. de Kerkalec quand
Chinard fut parti.

— Mais nous étions perdus si vous

eussiez fait autrement, s'écria la comtesse.

— Eh! croyez-vous que cela nous
sauve? ne comprenez-vous pas que
ce misérable reviendra à la charge et
qu'il nous perdra quand nous ne pourrons plus payer son silence? Et comment le paierions-nous désormais, puisqu'il ne nous reste pas vingt louis!...

Mme de Saint-Alvar fut atterrée par
ces dernières paroles, et il s'écoula
quelques instans sans qu'elle pût proférer un mot; puis tout à coup elle
prit une résolution violente et s'é-
cria :

— Eh bien, mon frère, je travaille-

rai! n'en ai-je pas pris l'engagement?...
Le travail me semble en même temps
le moyen de pourvoir à nos besoins et
d'échapper à nos ennemis. Vendez ce
mobilier trop somptueux, hâtons-nous
de quitter cette demeure pour en choisir une à la fois plus modeste et plus
sûre.

— Travailler! mais ce n'est là qu'un
mot, ma chère sœur!... que ferez-vous?
où chercherez-vous un emploi?... Et
moi, suis-je capable de travailler? fau-
dra-t-il que l'unique descendant des
comtes de Kerkalec se résigne à faire
un long apprentissage pour être en état
de gagner sa vie en poussant la lime ou
le rabot? Oh! que n'avez-vous laissé la

hache de la guillotine tomber de tout son poids sur ma tête maudite!...

—Au nom de Dieu, mon frère, calmez-vous! L'argent que produiront ces meubles, joint à celui qui nous reste encore, nous suffira peut-être pour arriver à des temps meilleurs qui ne peuvent être éloignés... S'il en était autrement, reposez-vous sur moi du soin de pourvoir à notre subsistance: j'ai le sentiment de ma force, et ma résignation est entière.

Ces paroles étaient peu rassurantes: cependant, comme, dans tous les cas, il importait de se soustraire aux persécutions de Chinard, le comte vendit le jour même la plus grande partie de

ses meubles, la vieille domestique fut
congédiée, et le frère et la sœur se re-
tirèrent dans une mansarde de la rue
Saint-Louis, au Marais.

III.

III.

La bourse ou la vie.

Ainsi que l'avait prévu M. de Kerkalec, le prix que tirait sa sœur de
quelques travaux d'aiguille se trouva
insuffisant pour pourvoir à leurs be-

soins, et, quant à lui, il n'avait pu trouver aucune espèce d'emploi. Malgré la
plus sévère économie, les ressources
s'épuisaient rapidement, et la misère
arrivait à grands pas. Pour comble de
maux, Chinard, cet intrépide ennemi
des accapareurs, finit par découvrir
leur retraite, et il tomba comme une
bombe entre la comtesse et son frère
au moment où ils s'y attendaient le
moins. Cette fois, il commença par
vanter les prouesses du Comité de salut public; il loua fort la chasse active
que l'on faisait aux aristocrates, et se
félicita du résultat qu'elle obtenait.

—C'est que, vois-tu, citoyen, dit-
il au comte en lui frappant sur l'épaule,

il ne faut pas croire que la section que j'ai l'honneur de présider soit capable d'être en retard pour fournir son contingent ; sur les vingt-deux qu'on a décolés hier, nous en avions fourni quinze, aujourd'hui dix-huit, et je compte bien sur une douzaine pour demain...

Le comte ne put contenir un mouvement d'horreur ; Mme de Saint-Alvar se sentait défaillir, ce qui n'empêcha pas Chinard de continuer.

— C'est pourquoi, mes amis, j'ai pensé à vous tout naturellement. Vous sentez bien que, dans un temps comme celui-ci, il ne faut pas tant de beurre pour faire un quarteron, et que vous devez nécessairement faire partie de la prochaine fournée...

La comtesse jeta un cri et s'évanouit.

— Misérable! s'écria le comte, espère-tu m'effrayer? n'est-on pas plus heureux de mourir que de vivre au milieu de bêtes féroces de ton espèce?

S'apercevant alors que sa sœur avait perdu connaissance, il s'empressa de la secourir.

— Écoute donc, citoyen, répondit Chinard, ce n'est pas ma faute s'il y a un aristocrate dans ta peau. Tu méprises le papier de la nation, et tu accapares le *luméraire*, c'est prouvé; mais

on ne t'empêche pas de produire la
preuve contraire : j'ai, dans ma poche,
trois mille livres d'assignats patriotes
que je vais te donner contre tes aristocrates d'écus, et une fois l'affaire
faite, quand tu serais Pitt et Cobourg
en personne, je réponds de toi, et je
te délivre, en ma qualité de président,
un certificat de civisme tapé de manière à ôter aux patriotes l'envie de
jouer à la boule avec ta tête.

— O mon frère! dit la comtesse, qui
commençait à reprendre ses sens,
donnez-lui ce qu'il demande, et qu'il
se retire... sa vue me fait horreur; elle
me tue!...

— Ce qu'il demande!... nous n'en possédons pas le quart.

— Laisse donc tranquille, citoyen! s'écria Chinard; est-ce qu'un patriote de ma trempe est susceptible de donner là-dedans? ça serait, ma foi, bien la peine d'être président de la section la plus soignée de la république!...

— Misérable! ne t'ai-je pas prouvé que je sais comment on se débarrasse d'un voleur de grand chemin alors qu'on n'est pas le plus fort? D'ordinaire tes pareilles ne reviennent pas à la charge quand ils ont tout pris.

— En ce cas, mes amis, je n'ai plus qu'un mot à vous dire, c'est que si vous

n'avez plus de quoi manger, vous ne
devez pas être fâchés que je vous pro-
cure l'occasion de perdre le goût du
pain : ça sera l'affaire d'un instant.

En parlant ainsi Chinard tourna les
talons et sortit.

— Nous sommes perdus ! s'écria
Mme de Saint-Alvar.

— Eh ! ma sœur, puisqu'il faut en
finir, ne vaut-il pas mieux que ce soit
aujourd'hui que demain ?

— Oh ! mon Dieu ! mon Dieu ! ne
parlez pas ainsi, je vous en conjure ; ne
me dites pas qu'il n'y a plus d'espoir !...
Ils vont venir... fuyons, fuyons !...

— A quoi cela nous servirait-il? Voulez-vous expirer de misère sur la voie publique ?

— Je ne sais ce qui arrivera, mais, au nom du ciel, partons!...

Le visage de la comtesse était baigné de larmes; elle se jeta aux genoux de son frère, qui, cédant à ses instances, la releva et sortit précipitamment avec elle.

Ils marchèrent pendant quelque temps au hasard et n'ayant d'autre but que de s'éloigner le plus promptement possible de ce lieu où leur vie était menacée; puis, quand il leur fut possible de mettre un peu d'ordre dans leurs idées, ils tinrent conseil sur ce qu'ils devaient faire.

— Il n'y a qu'un moyen d'échapper à nos ennemis, dit Mme de Saint-Alvar, peut-être vous le rejetterez d'abord, mais je vous prie de bien examiner les choses. Sans doute l'état de domesticité doit être horrible à des gens de notre condition...

— Plutôt mille fois mourir! s'écria le comte.

—Cependant, mon cher frère, qu'arrive-t-il aux gens comme nous qui ont le malheur d'être faits prisonniers par quelque corsaire des puissances barbaresques? ne sont-ils pas traités comme

des esclaves en attendant qu'ils puis-
sent faire payer leur rançon? et ceux
qui ont été forcés d'exercer les plus
vils fonctions ne jouissent-ils pas, à
leur retour, d'autant de considération
qu'auparavant?... Eh! s'il vous plaît,
mon frère, ne sommes-nous pas maintenant au pouvoir des plus vils forbans, des plus infâmes bandits de la
terre? Pouvez-vous penser que le jour
de notre délivrance soit éloigné, et ne
devons-nous pas nous soumettre en
attendant notre rançon?....

. Le comte, quelque exalté qu'il fût,
ne put méconnaître la justesse de ce
raisonnement.

— Cela est fort sensé, dit-il; mais

les esclaves dont vous parlez ont des maîtres intéressés à les faire vivre, et nos maîtres, à nous, en veulent autant à notre vie qu'à notre fortune.

— Ils n'en voudront plus à notre vie quand ils nous croiront nés pour les servir, et il nous sera facile de leur persuader cela : il ne vous faudra pas un bien grand talent de comédien pour faire le rôle de valet, vous qui en avez tant changé, et je me sens, de mon côté, toute la capacité nécessaire pour égaler ma dernière femme de chambre. Croyez-moi, mon cher frère, on n'ira pas nous chercher là; c'est une porte de salut.

— Soit; mais il s'agit d'ouvrir cette

porte, et cela ne me paraît pas aussi facile que vous l'imaginez.

— Oh! cela ne sera pas difficile ; je me rappelle le nom d'un homme qui, autrefois, fournissait d'excellens sujets aux meilleures maisons de Paris. Cet homme, si nous le trouvons, sera notre providence : il demeurait, je crois, près du Châtelet. Venez, mon frère, venez.

Et elle entraîna, en quelque sorte, le comte, qui n'était pas entièrement résigné, et ne pouvait se faire à l'idée que lui, homme de noble race, allait être contraint de brosser la carmagnole d'un sans-culotte.

Les bureaux de placement ne sont pas d'invention moderne : il est si facile de battre le faible et de dépouiller le pauvre ! Ce fut donc dans un bureau de placement que Mme de Saint-Alvar et le comte se présentèrent.

— Parbleu! mes enfans, dit l'honnête industriel qui tenait cet honnête établissement, je crois que j'ai votre affaire... Ça reprend, çareprend; un peu de patience et ça reviendra tout à fait... Dam! il ne faut pas croire que les fournisseurs, les banquiers et les acquéreurs de biens nationaux soient capables de se mettre tout d'un coup à la hauteur des ci-devant ducs et pairs, mais enfin ça revient... Eh! tenez, ma belle enfant, je vais, tout de suite, vous adresser à la citoyenne Vachelet,

qui me demande une femme de chambre
qui ait servi dans le hupé... Il ne faut
pas faire la moue, ma belle ; c'est le
langage du jour. D'ailleurs, savez-vous
bien que le citoyen Vachelet est l'un
des plus riches fournisseurs des qua-
torze armées de la république! C'est
un homme d'un certain mérite, qui a
trouvé le moyen de faire des souliers
de carton imperméable dont nos sol-
dats sont enchantés, à ce qu'il dit.....
Quant à vous, mon ami, je ne puis vous
offrir qu'une place de garçon traiteur,
mais dans l'un de ces établissemens
les plus en vogue; la Convention y dîne
presque en masse, et les bénéfices sont
gentils quand la Montagne n'est pas
trop en colère.

Le visage du comte était contracté,
depuis un moment il n'entendait et
de voyait rien, mais un regard et un
mot de sa sœur lui rendirent la pré-
sence d'esprit dont il avait besoin, et
dès le lendemain Mme de Saint-Alvar
était femme de chambre, et le comte
de Kerkalec servait à dîner à ces hommes inflexibles qui, comme gage de
combat, avaient jeté aux puissances de
l'Europe la tête d'un roi.

IV

IV.

Double rencontre.

L'armée révolutionnaire avait laissé
à Amiens le commissaire Simon, qui,
malgré la gravité de sa blessure et les
circonstances qui semblaient devoir

rendre son rétablissement plus difficile, ne tarda pas à entrer en conva-
lescence. Dès qu'il fut en état de sup-
porter la voiture, il voulut revenir à
Paris, non qu'il espérât y trouver la
comtesse et son frère, mais parce qu'il
avait, maintenant plus que jamais, besoin d'activité et de distraction. Sa jeu-
nesse, un tempérament de fer et les
soins d'un habile médecin lui firent
bientôt recouvrer entièrement la santé; mais le mal moral qui l'obsédait
était incurable: les malheurs des grands,
loin de diminuer la haine qu'il leur
portait, semblaient au contraire l'ac-
croître, et dans ses accès de rage il
eût voulu que l'aristocratie n'eût qu'une
tête, afin de l'anéantir d'un seul coup.

— Oh! disait-il quelquefois, fasse le ciel que cette misérable retombe encore une fois entre mes mains!... ma vengeance sera terrible!.... terrible comme les tortures que j'endure depuis si long-temps!... Et pourtant, je sens que je l'aime encore!... Malédiction! non, non, je me trompe; c'est de la haine que je ressens, c'est de la haine qui me corrode le cœur... Oh! que n'ai-je fait tomber sa tête alors que cela m'était possible! que n'ai-je éteint dans son sang le feu qui me dévore!... En vérité, Dieu... s'il y a un Dieu... doit être bien fier d'avoir créé l'espèce humaine !

Puis, quand cette fièvre avait atteint

son paroxisme, la réaction venait lui apporter de nouvelles tortures, il pleurait comme un faible enfant, il appelait à grands cris et par les noms les plus doux cette femme qu'il eût poignardée sans pitié quelques instans auparavant. Et cela se répétait sans cesse, chaque jour, à chaque heure ; ce n'était qu'avec la plus grande peine qu'il parvenait de temps en temps à soulager ses maux: il lui fallait, pour cela, une grande activité de corps et d'esprit ; aussi parcourait-il chaque jour Paris dans tous les sens ; on le voyait aux clubs, aux spectacles, aux exécutions. Il avait conservé toute son influence et il pouvait aspirer aux emplois les plus lucratifs, mais il n'y son-

geait pas; il avait fait des économies
assez considérables pour vivre à sa
guise pendant long-temps, et d'ailleurs
son titre de commissaire du gouvernement près l'armée révolutionnaire lui
étant conservé, il continuait à en tou-
cher le traitement. Toutefois, il n'était
pas content de la tournure que prenaient
les choses. L'énergie terrible au moyen
de laquelle quelques hommes avaient
sauvé la république commençait à faire
place au modérantisme; Simon sentait
que la réaction était imminente et que
cette liberté à laquelle on avait fait de
si sanglans sacrifices expirerait bientôt
sous les coups du despotisme qu'on
n'avait pas eu le courage d'anéantir

tout entier alors qu'on en avait eu les moyens.

— Que de lâcheté! se disait-il en se promenant au Palais-Royal ; les misérables ! c'était bien la peine de se mettre en chemin pour que le cœur leur manquât tout à coup, pour que, après les premiers pas, ils se sentissent défaillir, et que le pied leur glissât dans le sang!... Lâches ! ne sentez-vous pas que vous avez fait trop ou trop peu!... Et puis cela se croit appelé à régénérer le monde!... Le monde!... ils ne le croient donc pas plus grand que la salle de leurs séances!... Imbéciles qui ne sentez pas que, pendant long-temps encore, il ne s'agira que de tuer ou d'être tué!... En

vérité, je commence à croire que, pour
vivre en société, la première condition est de renoncer à la liberté.

En ce moment, un homme qui se
promenait à quelques pas de là s'avança
vers lui; c'était Jacques Cloquet, qui
venait de reconnaître son ancien frère
d'armes, son ex-collègue du Cheval-
Rouge.

— Sacredieu, cadet! s'écria-t-il en
lui tendant la main, j' suis bien aise de
te voir, car je te croyais mort... c'est-
à-dire, citoyen, excuse de la liberté;
mais puisque l'égalité l' permet et que
la nation l'ordonne, vous sentez bien...
moi d'abord, j' suis pour l'obéissance
à la nation.

—Ah! c'est vous, Cloquet!... Eh bien! mon ami, que faites-vous? comment vont les affaires?

— Pas trop mal, mon fils, pas trop mal... Dam! aussi faut conv'nir qu'on s'est montré! Toujours là pour le bon motif, jamais dans les traînards; c'est l' moyen de faire ses affaires et celles d' la patrie. Chacun son affaire : vous vous êtes jeté dans l' maniement d' l'éloquence, et moi dans les charrois pour les amonitions des armées d' la république, et ça n'a pas roulé trop mal; on a fait son p'tit bonhomme d' chemin, tambour battant, mêche allumée, et allez donc les réquisitions, les emprunts forcés, le diable et son quarante-cinq...

Si bien, mon garçon, qu'on se trouve pour l' quart-d'heure l'associé d'un fournisseur qu'est pas plus manchot qu' l'ordonnance ne porte.

— Je vous en félicite, Cloquet; et je crois que vous ferez bien de marcher vite, de peur de ne pouvoir marcher long-temps.

— Tiens! c'te farce!... J' voudrais bien voir le cadet qu'aurait envie d' mettre des bâtons dans les roues d' mon entreprise!... Sacré mille guillotines! est-ce que vous avez oublié d' quel pied s' mouche Jacques Cloquet donc?...

— Je n'ai rien oublié, mon garçon; mais j'ai beaucoup appris depuis quel-

que temps, et il est évident pour moi
que les choses ne peuvent rester long-
temps sur le même pied.

— Eh bien! est-ce qu'il manque dans
la république de lurons capables de
r'dresser ceux qui n' marcheraient pas
droit?... Est-ce que j' n'ai pas encore
mon bon fusil de la Bastille, que je n'
demande pas mieux que de décrocher
du ratelier où il se rouille depuis un
an?... Et toi donc, sacredieu! est-ce
que, si ça tournait mal, tu n' s'rais pas
encore capable de leurs-y faire des discours à coups d' fusil?...

— Il fallait en finir pendant que cela
était possible; mais les lâches se sont
arrêtés en chemin, ils ont regardé der-

rière eux, et ils commencent à trembler en se voyant si loin du point de départ sans apercevoir encore le but qu'ils s'étaient proposé.

— Ma foi, citoyen commissaire, si vous voulez que j' vous comprenne, faites-moi l'amitié de m' parler en manière de deux et deux font quatre, et d' garder vos discours en façon de paraboles pour le temps où vous f'rez des sermons...... Voyons, dites-moi net l' fond d' la chose, et faites qu' ça soit clair au doit et à l'œil. Qu'est-ce que tout ça veut dire?

— Cela veut dire qu'on nous trahit, Cloquet.

— Oui dà! Et vous croyez qu' ça se passera comme ça, et qu' les sans-culottes s' laisseront couper les oreilles sans montrer les dents?... Ah! sacré chiens d'aristocrates que vous êtes! vous vous f..... dans l'œil qu' les patriotes s' laisseront embêter par des lapins d' votre accabit!... C'est c' que nous allons voir!... Sacredieu! Simon, j' suis bien aise d' savoir la chose!... En avant les sections, l' tocsin, l' canon d'alarme!... Mon garçon, v'nez avec moi, et j' vous réponds que nous mènerons les muscadins par un p'tit chemin où n'y aura pas d' pierres.

— Je suis fâché que vous ne compreniez pas mieux la situation des choses, Cloquet. Nous sommes bien loin maintenant du jour où l'enthousiasme d'une poignée de braves gens faisait des merveilles. Puisque vous êtes content de vos affaires particulières, faites comme tant de gens, et ne vous occupez que de ce qui vous touche directement. Profitez des quelques jours de liberté dont nous devons jouir encore pour vous assurer un avenir heureux.

— Merci du conseil, cadet; mais il m'est avis que tu n' f'rais pas mal d'en profiter toi-même.

— Quant à moi, mon ami, mes jours sont comptés, et je ne veux pas les employer à acquérir les faveurs de la fortune.

— Diable! mon garçon, tu es bien dégoûté!... C'est pourtant pas mal gentil d'avoir une bonne table, de bons chevaux, une bonne berline, et de pouvoir ordonner à un citoyen jokei de dire au citoyen cocher de mettre les citoyens chevaux à la voiture!..... Moi, tel que tu m' vois, ça me chausse comme un bas de soie.

— Raison de plus, mon ami! vous avez été long-temps pauvre, et cet état d'aisance n'est qu'une juste compensation.

— Y m' semble pourtant, citoyen commissaire, qu' vous n'étiez pas trop calé non plus quand j' vous ai trouvé,

en tablier de cuisine, endormi à la porte
d'un ci-devant!

—Cela est vrai, Cloquet; j'étais pauvre, très-pauvre alors, mais ce n'était
pas pour devenir riche seulement que
je voulais détruire ce qui existait, et
maintenant je ne donnerais pas une
épingle pour devenir millionnaire.

—Ah! oui, je m'souviens, y avait du
cotillon là-d'sous.... Ma foi, c'est bien
pardonnable quand on est jeune; j'con-
viens que l'sentiment est une chose
agréable et divertissante, mais c'est
pas une raison pour négliger l'solide.
Moi, tel que tu m'vois, je n'suis pas
sans avoir eu, par-ci par-là, une inclination d'amitié; mais j'suis d'avis qu'

les plaisirs n' doivent pas faire enrayer
les affaires : y a temps pour tout, et la
vie est longue..... Ce que j'en dis, ça
n'est pas que je trouve à redire à ta
manière de voir, au contraire; car
moins il y aura d'amateurs et plus y
s'ra facile d' se satisfaire..... Là-d'sus,
mon garçon, fais-moi l' plaisir d'accepter un dîner sans facon, chez le traiteur en face; car l'audience des citoyens ministres, qui m'ont fait attendre deux heures pour me dire des bêtises, n' ma pas empli le ventre; et
moi, comme j' te disais tout à l'heure,
j'aime l' solide avant tout. Nous pourrons jaser d' ça en manière de conver-
sation au dessert......Sacré chien! c'est
une bonne invention tout d' même que

l' dessert, et, entre nous, sans qu' ça aille plus loin, faut conv'nir que ces jean-f..... d'aristocrates entendaient pas trop mal la manutention d' la vie.

Simon sourit et ne se sentit le courage ni de refuser l'invitation ni de blâmer Cloquet.

—Pauvre homme! pensa-t-il, est-ce sa faute s'il manque de jugement, s'il raisonne mal, si son intelligence est si peu développée?..... Cette ignorance, ce défaut de lumières, ne sont-ils pas l'ouvrage de cette caste infâme qui voulait que le peuple ne fût composé que de brutes, afin de pouvoir le traiter en conséquence?... Cet homme a souffert, et il vous fait souffrir; c'est justice.

— A quoi pensez-vous, citoyen commissaire? demanda Cloquet; on dirait qu'y s'agit d' décider une affaire d'état... Est-ce oui ou non? C'est que, vois-tu, l'estomac est une manière de solliciteur qui s' fait mieux comprendre qu' tous les discours d' la Convention.

— C'est *oui*, Jacques? Je suis bien aise, mon ami, de passer quelques instans avec un brave homme comme vous : cela fait diversion à mes peines, cela fait que j'abhorre un peu moins l'humanité en général, et que je hais un peu plus les misérables qui font, des choses les plus saintes, métier et marchandise.

—A la bonne heure, au moins! v'là une langue que j' comprends!... Sacré-dieu, cadet! comment ça s' fait y que tu n' sois pas r'présentant du peuple?... mais y n'y a pas de temps d' perdu : pour peu qu' ça t' fasse plaisir, j'en fais mon affaire.... C'est que, comme j' te l' disais tout-à-l'heure, on est pour le quart-d'heure un quéqu'un qui-a le bras long et qui peut s' vanter de faire la pluie et l' beau temps quand ça lui convient.

—Merci, merci, Cloquet! le pouvoir, maintenant, ne me tente guère plus que la fortune..... mais nous parlerons de tout cela plus amplement; entrons.

En effet, ils étaient arrivés à la porte du traiteur qu'avait désigné Cloquet ; ils s'installèrent dans un cabinet particulier et demandèrent la carte ; un garçon la leur apporta. En la lui prenant des mains, Simon changea de couleur et demeura muet de surprise : il venait de reconnaître le comte de Kerkalec!.....

— Voyons, voyons, dit Cloquet en faisant semblant de lire la carte, qu'il tenait à rebours, c' qui a d' meilleur n'est pas trop bon pour nous... Commence toujours par nous décoiffer une bouteille d' Mâcon, et tâche d' la prendre derrière les fagots, à côté des plus petites.... J' connais rien comme un verre de vin pour ouvrir l'appétit...

Le doux jus de la treille
Nous réveille...

Ma foi, je n' sais par où commencer...
Citoyen commissaire, sans vous com-
mander, faites-moi l'amitié de j'ter un
coup-d'œil l'à-d'sus.

Simon ne l'entendit point.

V.

V.

Un dîner en 1793.

Le comte aussi avait reconnu Simon
en lui présentant la carte, et la rage
et la honte l'avaient en quelque sorte
pétrifié.

— Sur mon âme! s'écria Simon après un silence de quelques instants, voici qui me réconcilie presque avec les cagots et me fait croire à la Providence!...

— Ah ça! qu'est-ce qu'ils ont donc tous les deux? dit Cloquet, presque aussi surpris que les acteurs de cette scène.

— Il y a, mon ami, répondit Simon, que, pour tous les biens de la terre, je ne voudrais point n'être pas entré ici!... Ne sors pas, comte de Kerkalec! ne fais pas un mouvement pour fuir, ou tu es mort!

A ces mots, il tira de sa poche deux

pistolets qu'il arma, et ajustant le
comte, il ajouta :

— Oui, oui, je crois à la Providence maintenant!... Oh! c'est un dé-
dommagement qui m'était bien dû,
mais jamais je n'aurais espéré l'obtenir
aussi complet!...

— Crois-tu que j'aie peur de la mort,
scélérat? répondit le comte; frappe
donc, afin de m'arracher au supplice
de te voir!

— Sacré mille chiens! s'écria Cloquet en éclatant de rire, en v'là une
fameuse histoire!... y n' manquait plus
aux sans-culottes que de s' faire servir
par des ci-devants ducs et pairs en

guise d' marmitons... Ah ça, cadet!
qu'est-ce que tu m' chantais donc tout
à l'heure qu' les choses du gouvernement d' la nation donnaient dans l'
travers? y paraîtrait, pourtant, mon
garçon, que ça n' va pas mal droit
pour le quart-d'heure.

— Non, non, comte de Kerkalec,
répliqua Simon; c'est un plaisir trop
grand pour moi de te voir ainsi, pour
que je consente à m'en priver si vite;
et puis, mourir ce n'est pas souffrir...

— Oh! je te forcerai bien à m'ôter
cette vie qui m'est insupportable! s'é-
cria le comte.

A ces mots, il s'élança vers Simon.

— C'est dommage, dit ce dernier ;
je n'aurais pas voulu te tuer si vite.

Et il lâcha la détente presqu'à bout
portant; mais l'amorce seule brûla, et,
avant que Simon eût pu faire usage du
second pistolet qu'il avait posé sur la
table, Cloquet s'était jeté sur ce garçon traiteur de nouvelle espèce et l'a-
vait terrassé.

— Nom de Dieu! dit-il en arrachant
à Simon l'arme qu'il tenait, j' sais bien
qu'y n'est pas nécessaire d'y regarder
à deux fois pour trouer la peau d'un
aristocrate, mais y n'est pas défendu
d' s'entendre.

—Merci, Jacques! s'écria Simon,

merci, mon ami! tu m'as ménagé un bien grand plaisir.

— Tue-moi donc, infâme! tue-moi donc, lâche assassin! criait le comte.

— Diable m'emporte, dit Cloquet, y m' semble que je r'connais cette voix-là et que j'ai vu cette frimousse quéque part!...

Pour s'assurer de l'identité, Cloquet, dont la force physique était peu ordinaire, saisit le comte par le milieu du corps, l'assit sur la table, et, après l'avoir regardé sous le nez, il reprit:

— Je veux que le diable me brise la carcasse si je n'ai pas vu c't' olibrius dans l'antichambre d' mon associé, l' citoyen Vachelet... j' crois même qu'y s' donnait un air d' joli cœur au vis-à-vis d'une manière d' femme de chambre qui n' m'est pas tout-à-fait inconnue, à c' qu'il m' semble, et qui s' tient sur la défensive quand j'ai celui d' lui dire une gaudriole en passant.

— Oh! nul doute, nul doute maintenant! s'écria Simon; cette femme dont vous parlez est la comtesse de Saint-Alvar.

— Mille tonnerres, cadet! j' crois qu' t'as mis l' nez dessus!... C'est donc ça que je m' disais... et v'là c' que c'est que n' pas être assez *physolomiste*..... mais y avait si long-temps que j' la croyais dans l'royaume des taupes, ta comtesse...

— Tu étais dans l'erreur, Jacques; lui et elle vivent, grâce à moi... Et maintenant, comte, si tu as encore envie de mourir, parle; mais songe que ta sœur est en mon pouvoir et qu'elle ne te survivra pas vingt-quatre heures.

Il serait difficile de décrire ce que ressentait M. de Kerkalec : jamais, peut-être, le physique et le moral d'un homme n'avaient été mis en même temps à de si cruelles tortures; mais, malgré toutes ces souffrances, le comte résolut de sauver sa sœur à quelque prix que ce fût.

— Elle a raison, se dit-il; nous sommes les esclaves de quelques misérables forbans, et nous devons nous soumettre en attendant notre rançon.

Puis, s'adressant à Simon :

— Parlez, monsieur; je vous obéirai.

— A la bonne heure ! mais que ce ne soit pas une ruse; car si tu parvenais à fuir, ta sœur ne nous échapperais pas.

— Ne vous ai-je pas prouvé que, s'il ne s'agissait que de ma vie, je vous en ferais bon marché ?

— Faut être juste, dit Cloquet, 'y n'

manque pas d' toupet tout d' même,
et s'il y avait tant seulement quéques
centaines de milles d'aristocrates d' sa
trempe...

— Eh bien, voici mon ultimatum,
comte, interrompit Simon : nous avons,
grâce au ciel, entièrement changé de
rôle ; tu es aujourd'hui ce que j'étais
autrefois ; et je suis, moi, plus puissant
que tu ne l'étais alors ; tu subiras jusqu'au bout les conséquences de ce
changement ; tu nous serviras à dîner,
comte ; tu seras humble et soumis, et
je me contiendrai pour ne pas te donner du pied au derrière, dans le cas
où, ayant la fantaisie de manger un
gigot, tu nous le ferais trop attendre.

A ces conditions, je te promets de garder le plus profond silence sur tout ce qui te regarde ; et Simon, tu le sais, ne promet rien en vain... Quant au citoyen Cloquet, je réponds de sa discrétion.

— Eh ! t'as raison, cadet ! d'autant que l' maniement d' la parole n'étant pas mon fort, je serais plus capable de dire des bêtises que d'en faire. Quant à toi, ci-devant comte, j' sens bien qu' tu n' dois pas être à ton aise ; mais, d'après c' que j' sais, tu l'as pas volé, et faut convenir que le citoyen Simon est encore joliment bon enfant de t'en tenir quitte à si bon marché. N' fais donc pas l' faignant, crois-moi, car j'ai

une faim d' possédé, et j'ai plus envie
de manger la soupe que de m' mettre
en colère... Allons, circule vivement!
d' la soupe au vermichelle, des *bistecs*
et un poulet!

Le comte était dans un état affreux :
il faisait des efforts incroyables pour
se contenir, et plus d'une fois il sentit
que l'espèce de courage dont il avait
besoin dans cette circonstance allait
lui manquer; mais il pensait alors à sa
sœur, et cela le soutenait.

— Eh bien, garçon! cria Simon, ces
befftæks!

— Dans un instant, citoyen.

— Allons donc, du nerf! dit Clo-

quet, tu vas comme une canne, et tu
m'as l'air adroit comme un prêtre nor-
mand... Ah ! à la bonne heure, v'là les
bistecs!... Fais-donc attention, en portant l' plat, de n' pas mettre tes doigts
dans la sauce!... J' crois, l' diable m'emporte! que l' jean-f..... n'a pas lavé ses
mains...

— Ma foi, reprit Simon, il faut convenir qu'il ne s'en tire pas trop mal,
et que la serviette lui convient mieux
que l'épée... Tu avais manqué ta voca-
tion autrefois, comte ; c'était officier
de bouche qu'on aurait dû te faire.

— C'est bien heureux, répliqua Jacques, que l' peuple souverain est v'nu
mettre chacun à sa place.

M. de Kerkalec ne répondait pas : la
sueur lui ruisselait sur le visage, il de-
venait successivement pâle et rouge, la
rage lui ôtait presque le sentiment de
ses maux. Ce supplice effroyable dura
plus d'une heure. Cloquet mangeait
comme un ogre ; Simon ne touchait à
rien afin de mieux se repaître des souffrances de son ennemi.

— Donne-nous la carte à payer, dit
Jacques quand il eut tout dévoré jusqu'au dessert inclusivement.

Le comte obéit.

— Douze livres cinq sous... Tiens,
en v'là treize ; t'auras quinze sous pour
boire, et ça n'est pas trop, car tu m'as
l'air d'avoir terriblement chaud.

— Comte, dit Simon en se levant,
je te l'ai dit et prouvé, mes conseils
sont quelquefois bons, et mes promesses ne sont jamais vaines. Ainsi,
crois-moi, reste ici jusqu'à nouvel ordre, tu y seras en sûreté, et ta sœur
n'aura rien à craindre. Au reste, tu auras bientôt de mes nouvelles, et puisque tu ne manques pas de ce courage
ordinaire, nous pourrons, maintenant
que la partie est égale, jouer la belle
pour en finir.

— Ma foi, mon ami, dit Cloquet
quand ils furent sortis, j' t'avouerai
franchement que je n' comprends rien
à tes manières. Comment, nom d'un
chien! t'as l'avantage de rencontrer un

individu que tu n' peux pas souffrir
et qui t'a manqué suffisamment; ton
individu est un aristocrate fini; toi t'es
commissaire du gouvernement, l' tribunal révolutionnaire est en perma-
nence, et tu te contentes d' faire semblant d' manger un *bistec* et de sucer
une aile de poulet en face du particulier, pour lui apprendre à vivre!...

— Bien, Jacques; je comprends que
vous en useriez autrement : vous auriez
tué cet homme, et moi j'ai besoin de
le faire souffrir... Mon ami, le temps
qui s'est écoulé depuis notre rencontre
au Palais-Égalité vaut dix ans de ma
vie.....

— Dam! mon garçon, c' que tu dis

là peut bien être clair pour d'autres ;
mais, comme j' te l' disais tantôt, j' n'ai
pas l'entendement tourné à la parabole,
c' qui fait que, pour moi, les jours
sont de vingt-quatre heures en tout
temps; j' suis fâché qu' ça t' contrarie,
mais *l'armanach* est là, et l' soleil n' peut
jamais avoir tort.

— N'en parlons plus, Jacques, mais
parlons de cette femme de chambre
qui fut comtesse autrefois...

— Volontiers, mon garçon, d'autant plus qu'elle est vraiment gentille
comme un *cufidon* ta comtesse ; et si
je n' lui ai pas encore dit deux mots en
particulier, ma foi, c' n'est pas ma

faute, et y n' s'en est pas fallu d' beaucoup...

— Hein!... qu'est-ce à dire?... Prenez
garde, Jacques..... mais non, c'est un
mensonge...

— Eh bien! qu'est-ce qu'y t' prend
donc, cadet?... est-ce que tu croirais,
par hasard, que les aristocrates, comtesses et autres, n'ont été démonétisées
qu'à celle fin de te faire des mitaines à
quatre pouces?... T'aurais tort, cadet;
car d' puis qu' j'ai celui d'être fournisseur des armées d' la république, y
m'en a passé par les mains d' plus hupée
qu' ta comtesse.

— Je ne veux parler que de Mme de
Saint-Alvar, Jacques!...

— Oh! pour c' qui est d' ça, mon fils, faut pas monter sur tes grands chevaux. Nom de Dieu! comme tu prends feu! n' te fais donc pas d' mal et donne-toi d' l'air. Ta comtesse, vois-tu, est une sacrée bégueule! Ah! si elle avait été bonne enfant, je n' dis pas; mais moi j' peux pas souffrir les bégueules, c' qui fait qu'à l'exception de quelques gaudrioles et d'un baiser sur l' menton... c' jour-là j'ai cru qu'elle allait m'arracher les yeux.

— C'est assez, c'est assez, Jacques.

— Ah! c'est pas malheureux qu' tu te dégonfles; j'ai cru qu' t'allais créver.

— Il faut que vous me rendiez un service.

— J' t'en rendrai dix; y n' s'agit que d' parler pour s'entendre.

— Ne m'avez-vous pas dit que vous avez une bonne berline, d'excellens chevaux?

— J' m'en vante! une berline soignée, qui a appartenu à la sœur de feu Capet, doublée en satin bleu, et des cousins en *aigledon!....* C'est pas d' la p'tite bière, comme tu vois.

— Eh bien, mon ami, tes chevaux, ta voiture et toi-même, il faut que vous soyez demain à ma disposition... Jacques, je te donnerai ma vie après si tu le veux...

— Décidément, l' pauvre garçon est

timbré. Que diable veux-tu qu'j'en fasse
d'ta vie?... J' te prêterai tout ce que tu
voudras, sans intérêt... v'là comme
j' suis avec les amis, moi.

— Et tu serviras de cocher?

— Pourquoi pas ! est-ce que tu crois
qu' Jacques Cloquet est d' venu manchot donc?

— A demain. Voici mon adresse.
Je t'attendrai à dix heures, et je m'ex-
pliquerai plus clairement.

VI.

VI.

Un enlèvement.

Cloquet fut exact : à dix heures sa
voiture s'arrêta devant la maison où
demeurait Simon. Il trouva ce dernier
achevant sa toilette, à laquelle il sem=

blait avoir mis un soin tout particulier.

— Est-ce que nous allons à la noce ? demanda Jacques.

— À la noce ! non : pourtant il y a bien quelque chose comme cela ; nous allons d'abord chez ton associé...

— Chez Vachelet ?... alors ça n'est pas la peine d'faire tant d'cérémonies. Vachelet est un franc lapin comme toi-z-et moi, patriote dans l'âme, qui a bien cinquante mille livres de revenu pour le moment, et qui n'est pas du tout d'avis d'en rester là... Fallait donc m'dire qu't'avais envie d'faire sa connaissance, j'lui en aurais dit un mot, et nous aurions déjeuné ensemble.

— Ce n'est pas cela, Jacques ; nous irons ensemble jusqu'à la porte de sa demeure, mais tu entreras seul et je resterai dans la voiture. Il faut absolument, mon ami, que, sous un prétexte quelconque et en employant l'adresse convenable, tu détermines Mme de Saint-Alvar à te suivre ; tu la feras monter en voiture, et tu nous ramèneras ici sans t'inquiéter des réclamations, des prières, des reproches, etc.

— Est-ce là tout ?

— Absolument ; le reste me regarde seul.

— Ma foi, ça n'était pas la peine de faire tant de mystères ; tu n'as pas envie d' la manger, cette femme?

— Je ne veux lui faire aucun mal.

— Eh bien, en route! Je m' charge de lui en couler dans l' tuyau d' l'oreille plus qu'il n'en faut pour qu'elle se laisse conduire aux quatre coins d' Paris. Ainsi, en route.

Ils descendirent; Cloquet renvoya son cocher et prit les rênes, Simon s'étendit dans l'ex-carosse royal, et l'on partit au grand trot de deux vigoureux chevaux. Dix minutes après la voiture s'arrêtait à la porte du citoyen fournisseur Vachelet. Jacques mit pied

à terre, pénétra sans difficulté jusque
dans la pièce qui précédait la chambre à coucher de la maîtresse de la
maison, et ne s'arrêta là que parce
qu'il y trouva la personne qu'il cher-
chait, c'est-à-dire Mme de Saint-Alvar.

—Enchanté d'vous voir, la belle enfant, dit-il... j'aurais, si vous voulez
bien l'permettre, quéque petites choses à vous dire en particulier...

Et comme la comtesse femme de
chambre, effrayée, malgré l'espèce de
bonhomie de son interlocuteur, recu-
lait à mesure qu'il approchait, il s'arrêta et dit avec une dignité grotesque :

— Sacredieu, citoyenne ci-devant!

vous devez bien savoir que Cloquet a trop de cœur au ventre pour vouloir faire tomber un cheveux à une personne du sexe..... Est-ce que vous avez oublié la prison du Luxembourg?

— Grand Dieu ! je suis perdue ! s'écria la comtesse.

— Soyez donc tranquille ; on vous r'trouvera.

— Au nom de Dieu, je vous en conjure, gardez le silence!

— A la bonne heure! mais y n' faut pas avoir un air de r'pousser comme ça les bons enfans qui n' demandent pas mieux que d' mettre momentanément d' côté les intérêts d' la nation au vis-à-vis d' votre individu. N' faites donc pas d' grimaces, et descendez, sans faire semblant de rien, jusqu'à la porte, où ma voiture m'attend; nous causerons en faisant un tour.

— Jamais, jamais!.... Prenez ma vie s'il le faut, mais n'exigez pas....

— Eh! quoi donc que vous croyez que j'exige?... est-ce qu'il n'y en a pas assez de bonne volonté?.... Moi, ma p'tite mère, j'exige pas, j' paye, et voilà; mais c'est pas d' ça du tout qu'y s'agit. Vous s'rez en sûreté ici tant qu'y n'y aura que moi qui saurai de quoi y r'tourne; mais, quant à votre frère l' ci-devant, c'est pas tout à fait la même

chose, et il est certain qu' je n' voudrais pas être dans sa peau...

— Mon frère !... vous savez...

—C'te farce !... Est-ce que les patriotes n'ont pas des yeux et des oreilles?
C'est donc pour vous dire que, malgré
son tablier blanc, l' camarade court
grand risque d'aller faire un tour dans
un endroit d'où ou ne r'vient pas tout
entier, et qu'y ne tient qu'à vous de lui
éviter c' désagrément. .

— Parlez, parlez vite !... que faut-il
faire ?

— Me suivre jusqu'à ma voiture.....
Foi de sans-culotte, je n' vous dirai pas
plus haut qu' votre nom !...

La comtesse n'hésita plus, et, sans prendre le temps de changer de costume, elle descendit précipitamment. Jacques lui ouvrit la portière, l'aida à monter, puis il s'élança de nouveau sur le siége et lança ses chevaux.

Mme de Saint-Alvar était si émue qu'elle ne reconnut pas d'abord le personnage près duquel elle avait pris place ; mais, dès les premiers tours de roue, Simon, écartant le mouchoir qu'il s'était tenu sur le visage, la regarda en face en disant :

— J'espère, madame, que vous m'écouterez avec calme et que vous éviterez un éclat qui vous compromettrait sans changer rien à ma résolution...

— Oh! mon Dieu! suis-je assez malheureuse!...

— Moins encore que vous n'êtes coupable, madame!

— Oh! je vous en conjure, ayez pitié de moi!... Je puis vous avoir offensé; mais je ne suis qu'une femme, une faible femme, sans appui, abandonnée de tous, et disputant ma tête à l'échafaud.

— Eh! ne vous ai-je pas prouvé plus d'une fois que je suis plus disposé à défendre cette tête qu'à la livrer?... Oh! de grâce, ne m'obligez pas à revenir sur un passé dont le souvenir m'est horrible... Écoutez-moi : je n'ai pas

cessé de vous aimer... je veux tout ou-
blier, tout, excepté les instans déli-
cieux que j'ai passés près de vous.....
alors que je vous étais cher... alors que
vos doigts se jouaient dans mes cheveux et que vos lèvres s'attachaient sur
les miennes...

— Oh ! grâce ! grâce ! s'écria Mme de
Saint-Alvar en se cachant le visage
dans ses mains.

— Ainsi donc, pour la dixième fois,
vous l'avouez, ce souvenir qui m'est si
cher vous fait horreur !... Je ne suis
plus, je ne puis plus être votre amant...
mais je suis votre maître, madame !...

— Oh ! vous vous méprenez... je

n'ai pas dit... je n'ai pas pu dire... non,
monsieur, je n'ai rien dit de semblable...

— Eh bien! dites-moi que je possède
encore votre cœur... faites mieux, prou-
vez-le moi en devenant ma femme.....

— Grand Dieu! pensez-vous qu'il
soit possible d'éprouver d'autre sentiment que celui de la crainte dans ce
temps de deuil et de désolation?

— Misérable subterfuge! vous me
haïssez, madame; je vous fais horreur,
et c'est vainement que vous tentez de
le dissimuler... Eh bien! arrière l'a-
mour! mais vous n'en serez pas moins
à moi... il faut un aliment à ma ven-

geance, et la vie de votre frère est à
moi aussi bien que la vôtre... Pesez
cela, et voyez si vous devez les racheter au prix que j'y mets.

— Mon frère! mon frère!...

— Oui, votre frère qui a servi hier
à dîner à Simon, l'ex-garçon d'auberge
de la Croix-Blanche... Cela ne suffit-il
pas pour racheter à vos yeux mon défaut de naissance, comme vous appelez
cela?...

La comtesse commença à sangloter
si fort qu'il lui fut impossible de répondre, et ce ne fut qu'après quelques
instans qu'elle s'écria :

— Non, non, vous n'êtes pas un

monstre cruel; vous ne voudrez pas
vous souiller de sang... du sang de mon
frère et du mien!...

—Eh! votre frère a-t-il été avare
de mon sang à moi?... Infâmes! dix
fois votre vie à tous deux a été entre
mes mains; j'avais soif de vengeance,
et pourtant... Mais je ne veux plus être
généreux, je ne veux plus croire à vos
promesses, vous qui m'avez tant de
fois et si cruellement trompé!... Vous
serez à moi aujourd'hui... à moi ou au
bourreau!...

La comtesse faillit s'évanouir; mais
en ce moment la voiture s'arrêta, la
portière s'ouvrit, et un rayon d'espérance anima le visage de Mme de Saint-

Alvar : mais cela passa vite, et son désespoir revint quand Simon, lui prenant
la main et la serrant fortement, lui dit :

— Un seul mot, un geste, un cri et
vous êtes perdus, vous et votre frère!...
Qu'un autre que moi entende ici le son
de votre voix, et il n'y aura plus de
puissance humaine capable de vous
sauver!...

La comtesse demeura muette de terreur, et Simon l'emporta plutôt qu'il
ne la conduisit dans son appartement.
Là il l'assit dans un fauteuil, et se tenant devant elle, les bras croisés sur la
poitrine, le visage en feu et l'œil étin-
celant, il dit, après quelques secondes
d'un effrayant silence :

— Vous savez ce que je puis et ce que je veux, madame; vous êtes en ma puissance, ainsi que votre frère, et il faudra bien que je vous traite en maître si vous ne consentez à vous faire mon égale; et puisque vous parliez de rançon dans les lignes outrageantes par lesquelles vous répondiez aux preuves d'amour que vous aviez reçues de moi, je dois vous dire que votre main... ou les droits que me donnerait une alliance légale, sont la seule rançon que je veuille accepter...

La comtesse fondait en larmes et ne pouvait articuler un mot. Simon tira sa montre, la plaça sur un guéridon et reprit :

—Il est maintenant onze heures: si, avant la fin du jour, c'est-à-dire dans six heures, vous n'avez point pris de résolution, c'en est fait de vous et du comte : cette fois, tous vos efforts pour m'échapper seraient vains; la moindre tentative que vous feriez pour sortir de cette chambre serait votre arrêt de mort.

Il se tut, prit ses pistolets, les arma et les plaça à côté de la montre. Malgré ces terribles préparatifs, Mme de Saint-Alvar parvint à maîtriser sa douleur; ses larmes, après quelques instans, cessèrent de couler; elle s'efforça même de sourire, et dit à Simon, qui se promenait à grands pas :

— Vous conviendrez au moins, monsieur, que voici de singulières fian-
çailles, et que les armes pourraient
être mieux choisies pour faire la con-
quête du cœur d'une femme.

— Eh! n'est-ce pas vous qui m'avez
réduit à cette épouvantable nécessité?
Ne vous ai-je pas fait tous les sacrifices
imaginables? J'aurais été jusqu'à res-
pecter vos préjugés de caste, jusqu'à
les partager peut-être... Il m'eût été si
facile et si doux d'aimer ce que vous
aimez, de n'avoir pour nous deux qu'une
pensée, qu'une âme et qu'un cœur!...
Ces préjugés qui vous empêchaient de
vous abaisser jusqu'à Simon ne pouvaient s'opposer à ce que Simon s'éle-

vât jusqu'à vous... Oh! je sens que j'aurais fait de grandes choses si vous aviez voulu que je les fisse... La haine et le besoin de vengeance ont fait du garçon d'auberge un homme peu ordinaire; l'amour et l'espérance de vous posséder pouvaient en faire un grand homme.

— S'il en était ainsi et que je consentisse à l'épreuve...

— Non, non, cela ne se peut pas... vous me haïssez maintenant plus que jamais, et, bien que les torts ne soient pas de mon côté, je comprends que vous devez me haïr.

— Rendez-moi plus de justice, monsieur, et rappelez-vous les jours heu-

reux où je n'obéissais qu'à mon cœur,
Ces préjugés dont vous parlez, ne sentez-vous pas combien il était difficile à
une faible femme de s'en défendre?...Et
savez-vous tout ce qu'il m'a fallu souffrir
pour sacrifier à ce que je croyais le
devoir un sentiment... dont les preuves
ne vous avaient pas manqué?...

— Oh! n'espérez pas me séduire
par de si douces et délicieuses illusions. Pour moi, et grâce à vous, la vie
ne peut plus être que ce qu'elle est,
une réalité déplorable... Non, non, je
ne puis ni ne dois vous en croire, madame!... je ne suis et ne puis être que
votre maître maintenant.

— Eh bien! donc, disposez de ma

vie, puisque mon cœur ne vous suffit plus!

La résolution de Simon fut violemment ébranlée par ces dernières paroles; mais il avait été tant de fois et si cruellement trompé que la défiance l'emporta sur l'enthousiasme. Il reprit ses pistolets, laissa sa montre sous les yeux de la comtesse, et sortit en disant :

— N'oubliez pas, madame, que vos instans et les miens sont comptés, et qu'une heure s'est déjà écoulée sur les six que je vous avais accordées.

A ces mots et sans donner à Mme de Saint-Alvar le temps de lui répondre,

il sortit et ferma à double tour là porte
de son appartement.

Mme de Saint-Alvar sembla anéantie;
on eût dit que le dernier rayon d'espérance qu'elle éût entrevu venait de
s'évanouir.

— Oh! mon Dieu! mon Dieu! c'en
est donc fait! s'écria-t-elle en s'élan-
çant vers la porte qui venait de se fer-
mer violemment.

Puis, reconnaissant l'impossibilité
de se faire jour de ce côté, elle se dirigea vers les fenêtres; mais les mê-
mes précautions avaient été prises,
et d'épais volets, que la voix et le
regard semblaient également impuis-

sans à pénétrer, s'opposaient à ce que la voix pût se faire entendre au dehors. Après avoir fait des efforts inouis pour tenter de reconquérir sa liberté, la comtesse se résigna.

— Non, non, je né me livrerai pas à ce monstre! s'écria-t-elle; qu'il vienne donc se repaître de mon agonie!...

Ses forces étaient épuisées, elle s'évanouit, et déjà, depuis quelques instans, elle avait perdu connaissance lorsque la porte principale de l'appartement retentit sous les coups violens et pressés d'un bras vigoureux : c'était Cloquet qui revenait furieux.

— Nom de Dieu, cadet, ouvre donc !

s'écriait-il; voici la citoyenne épouse
du citoyen Vachelet, mon associé, qui
jette feu et flammes et menáce de mettre la république une et indivisible sens
dessus dessous.

Et comme il'y avait d'excellentes
raisons pour que personne ne répondît,
Cloquet se mit si fort en colère qu'au
troisième coup de pied la porte, volant
en éclats, lui livra passage. Il arriva bientôt près de la comtesse, qui n'avait pas
repris connaissance, et il recommença
à appeler Simon de toute la force de
ses poumons.

— Ma foi, dit-il enfin, puisqu'y s'
trouve bien où il est, qu'il y reste;
mais j' n'ai pas envie qu' la citoyenne

Vachelet fasse plus long-temps une mine de chien et un carillon d'enfer, sous prétexte que j' lui aurais subtilisé sa femme de chambre... Sacredieu, ci-toyenne ! j' te vas la rendre ta femme de chambre, en chair et en os, et s'il y manque quéque chose ça n' sera pas à moi qu'y faudra l' demander..,.

A ces mots et sans plus de cérémonies Jacques prit Mme de Saint-Alvar dans ses bras, la porta dans sa voiture, et partit sans s'inquiéter de çe qu'en penserait Simon. Chemin faisant, il ne négligea rien pour rendre à la comtesse l'usage de ses sens.

— Allons donc, citoyenne, disait-il en lui frappant dans les mains, faut pas

vous faire de mal... La citoyenne Vachelet est un peu criarde, c'est vrai,
mais bonne femme au fond; elle connaît les accidens du sexe qu'a l' malheur d'être sensible... et d'ailleurs je
m' charge d'arranger l'affaire.

L'éloquence de Jacques n'était pas
un remède bien efficace, mais le mouvement de la voiture ne tarda pas à y
suppléer, et l'on n'était qu'à moitié
chemin lorsque Mme de Saint-Alvar ouvrit les yeux.

— A la bonne heure donc! s'écria
Cloquet. C'est que, voyez-vous, mon
enfant, la citoyenne Vachelet serait
capable de m'arracher les yeux à votre
intention, et, en conscience, ça ne se-

rait pas juste, car je ne suis absolument pour rien dans l'affaire.... Heureusement, vous voici en état de dire les choses et de me rendre justice... Laissez-moi parler d'abord, et ça n'ira pas plus loin, j' vous l' garantis.... Eh bien! qu'est-ce que vous en dites?

— Que votre volonté soit faite! répondit la comtesse.

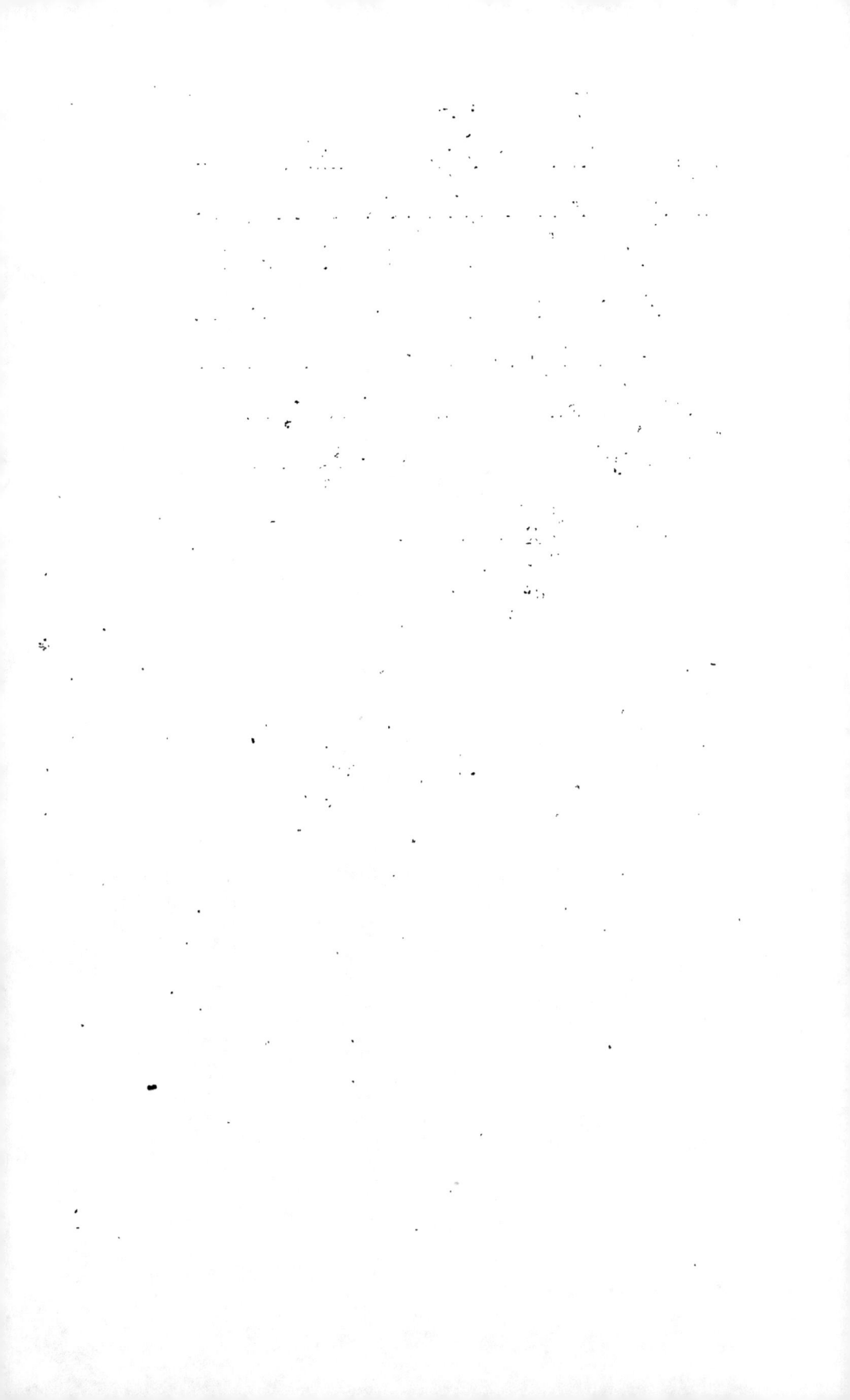

VII.

VII.

Duel.

La surprise et la rage de Simon furent au comble lorsque, à son retour,
il trouva la porte de son appartement
brisée et la comtesse absente.

13

— Oh! je te retrouverai, infâme!
s'écria-t-il; il faut que je te retrouve...
et malheur, mille fois malheur à toi, si
je ne te revois aujourd'hui même!.....

Il parcourut alors toute la maison,
prit des informations, et apprit bientôt
que la même voiture qui l'avait emmené
et ramené le matin avait reparu un peu
avant la fin du jour, qu'un homme en
était descendu, était entré dans la maison et en était ressorti au bout de quelques minutes, emportant une femme
qui paraissait bien malade et qu'il avait
placée près de lui dans la voiture, qui
s'était éloignée aussitôt.

— Jacques me trahirait! dit-il; mais
c'est impossible! que lui en reviendrait-

il?... Et cependant quel autre savait la
retraite de la comtesse? quel autre eût
brisé cette porte aussi facilement?.....
Qu'importe! je suis sûr de la retrouver
maintenant; je suis sûr de pouvoir punir le traître, quel qu'il soit!...

A ces mots et sans songer à faire répa-
rer le désordre de son appartement ou
constater le délit à l'aide duquel on y
avait pénétré pendant son absence, il
sortit et se dirigea vers le domicile de
Jacques. En y arrivant, il trouva ce
dernier jurant et se démenant comme
un possédé: la vue de Simon, loin de
le calmer, sembla au contraire aug-
menter sa fureur.

—Ah! te voilà! s'écria-t-il; tu n' pou-

vais pas mieux choisir ton temps pour
te faire laver la tête comme tu l' mé-
rites... Comment, chien d'animal d'a-
moureux transi que tu es! il te faut des
tête-à-tête de vingt-quatre heures avec
ton inclination!... Eh! pourquoi faire?
pour planter là la particulière comme
un paquet d' linge sale!... Sacré mille
guillotines! c'était bien la peine de m'
déranger d' mon carrosse pour monter
sur l' siége... On lui donne une pou-
lette à croquer, et y s'amuse à la mettre
en cage!...

— Jacques, dit Simon, qui écumait
de rage, ne m'oblige pas à te prouver
que l'associé d'un fournisseur, alors
même qu'il s'appelle Cloquet, n'est

qu'un misérable que je puis briser comme un verre!...

— Toi, cadet!... si j' croyais qu' tu dises ça pour tout d' bon!...

— Je le dis, Jacques!... et j'ajoute que ta tête ne restera pas vingt-quatre heures sur tes épaules si tu ne me donnes à l'instant même la satisfaction que je viens te demander.

— Ah! tu voudrais jouer à c' jeu là avec un particulier qui a plus d' milliers d'écus à son service que tu n'as d' cheveux sur la tête...

— Raison de plus, Jacques; les coffres de l'Etat sont vides... et si c'est là ton dernier mot...

Il tourna les talons et s'apprêta à
sortir.

— Je crois, l' diable m'emporte,
qu'il le ferait comme il le dit au moins!
s'écria Cloquet, que cette menace avait
singulièrement calmé... Mais, écoute
donc, sacredieu! je n' suis pas d' ces
lapins qui n'ont qu'une parole dans l'
ventre : dis c' que tu veux, pour qu'on
puisse te répondre...

—Tu es venu chez moi, tu as brisé
les portes...,

—Eh bien! mon garçon, on t' les
paiera tes portes... c'est pas la mer à
boire!... dis-moi c' que ça vaut et fais la
quittance...

— Tu as soustrait à ma vengeance la comtesse de Saint-Alvar...

— Quant à ta comtesse, c'est une autre affaire ; ça n'est pas qu' ça soit cher une comtesse dans c' temps-ci, mais ça n'est pas facile à trouver, et, en conscience, la tienne m'a donné assez d' tintoin pour qu' tu m'en tiennes quitte.

— Mais dis-moi donc où elle est, misérable!

— Oh! quant à ça, impossible!..... Si tu comptes là-dessus, cadet, t'as tort; car quand tu f'rais couper bras et jambes au meilleur citoyen d' la république, tu n' lui f'rais pas dire c' qui n' sait pas... Écoute, voici l'histoire en

deux mots : la citoyenne épouse du
citoyen Vachelet, mon associé, s'étant
aperçu que sa femme de chambre
était partie sans tambour ni trompette,
s'est mise d'une colère de tous les dia-
bles; c'est au point que l' citoyen son
époux tremblait comme une feuille, et
que je n' savais plus où j'en étais. Ça
durait déjà depuis une heure, et ça n'
paraissait pas près d' finir; la particulière allait et venait, criait, tempêtait,
qu' c'était une bénédiction, quand tout
d'un coup elle rentre dans la salle à
manger où c' que nous achevions un
chapon au gros sel entre mon associé
z-et moi; elle se met les poings sur les
rognons, me r'garde à deux pouces du
nez, et dit :

— C'est donc toi, scélérat, qui l'as enlevée?...

— Moi! que j' dis; laissez donc tranquille, la p'tite mère; nous avons celui d'être taillé sur un patron dont auquel les femmes n' sont pas fâchées de s' faire dire deux mots en particulier : faut pas les enl'ver pour ça, au contraire!...,

— Comment, qu'elle dit, c'est pas dans ta voiture qu' tu l'as emportée?...

— Ma foi, mon garçon, quand j'ai vu qu'elle avait mis l' nez sur l' pot aux roses, ça m'a coupé l'appétit et la respiration, c' qui fait que l'citoyen Vachelet s'est fâché à son tour.

— Citoyen, qu'y me dit, t'as fait un rapt!

— Rat ou souris, qué qu' ça prouve?

— Ça prouve que mon épouse a raison et que j' n'aime pas ça....

— Dam! cadet, tu sais qu' je n' suis pas endurant d' mon naturel, c' qui fait que j'ai pris l' mors aux dents sur l' coup, tant et si bien qu' voyant qu' j'étais au pied du mur et qu' les choses allaient s' gâter, j' suis r'venu naturellement au vrai d' la chose, et, prenant l'affaire en manière de farce, je m' suis fait fort de r'trouver la particulière. C'est bon! j'arrive chez toi, visage de bois... Nom de Dieu! j'en aurais mangé trente des

pontés!.... Enfin, suffit ; j' trouve ta comtesse qui s' pâmait comme une carpe
sans eau ; j' la mets dans ma berline,
et fouette, cocher!... Elle ouvre l'œil :
c'est bon signe. Nous arrivons à la
porte du citoyen Vachelet : alors elle
me prie de monter devant pour faire
la paix avec la citoyenne...... C'est
bon, que j' me dis ; ferme sur la
chanterelle, et en voilà deux d' pin-
cées au lieu d'une..... Pas du tout! v'là
qu' pendant que j'étais par en haut la
comtesse fait des bêtises par en bas...
Elle ouvre la portière, file son nœud...
et bernique, sansonnet!... quand je re-
descends, pas plus de comtesse que sur
ma main...

— Malédiction ! il faut que je la retrouve ! il faut que....

— En ce cas, mon garçon, bonne
chance ! va ton train, la route est
large ; mais fais-moi le plaisir de ne pas
prendre les amis pour du gibier d' guillotine... A présent qu' tu sais l'histoire,
j' crois qu' tu n' me garderas pas ran-
cune...

— Non, Jacques, non, je ne t'en
veux pas ; mais il faut que je me venge,
mon ami.... il faut que cette infâme re-
çoive le châtiment de ses crimes !...

— Ne nous échauffons pas, cadet ;
ça dépend des circonstances ; et il est
certain que, si elle court toujours depuis

qu'elle m'a dit adieu par signe, elle
doit être bien loin.....

— Mais son frère..... son frère est à
ma discrétion..... lui au moins ne m'é-
chappera pas....

— Quant à ça, c'est possible ; mais
on a une parole ou on n'en a pas; t'as
promis à ce particulier que tant qu'y
resterait où nous l'avons trouvé y
n'aurait rien à démêler avec le tribunal révolutionnaire, et un vrai sans-culotte n' doit pas tourner comme une
girouette et passer du blanc au noir
du jour au lendemain...

— Je veux, au contraire, tenir la parole que je lui ai donnée, Jacques. Cet

homme doit avoir soif de mon sang autant que je l'ai du sien, et je lui ai
promis satisfaction... J'ai mes pistolets, et j'espère qu'ils ne rateront pas
aujourd'hui... Viens donc, mon ami...
ou plutôt fais mettre les chevaux. Tu
seras mon témoin... le comte en pren-
dra un où il voudra, ce n'est pas mon
affaire... Ce qui m'importe, c'est que
l'un de nous deux cesse de vivre. Il
n'est pas tard, la lune permet de se
voir à dix pas.... ne perds pas un instant, je t'en prie.

— Comme tu voudras, mon gar-
çon; j' suis pas capable de t' contrarier
la-dessus : ça va être fait en un tour de
main.

En effet, la voiture fut bientôt prête,
et les deux amis ne tardèrent pas à arriver au Palais-Royal. Simon entra
seul chez le restaurateur où il avait
trouvé la veille le comte de Kerkalec,
et, à sa grande satisfaction, il aperçut
ce dernier, qui, toutes réflexions faites, s'était résigné à continuer de jouer
le rôle que les événemens lui avaient
imposé.

—Comte, lui dit Simon à demi-voix,
tu as bien fait de suivre mon conseil :
je viens dégager ma parole; suis-moi.

A la vue de son ennemi, M. de
Kerkalec avait changé de couleur;
il se sentit incapable d'endurer une se-
conde fois la torture morale que Si-

mon lui avait fait souffrir la veille, et peut-être allait-il éclater lorsque Simon reprit :

—Me comprends-tu, comte? Je t'ai promis satisfaction, et j'ai là mes pistolets : une voiture nous attend; suis-moi!

Le visage de M. de Kerkalec devint rayonnant; l'espoir de se venger dilata son cœur; il lui sembla qu'il allait se laver des souillures auxquelles il s'était soumis, et sans proférer un mot, sans songer à changer de costume, il sortit et suivit Simon.

—Où allons-nous? demanda Cloquet lorsque les deux adversaires furent montés en voiture.

—Le plus près possible, répondit Simon; car M. le comte me paraît pressé de jouir, et je ne le suis pas moins que lui.... J'imagine que, à cette heure, personne ne nous importunera aux Champs-Élysées.

—Aux Champs-Élysées! dit Cloquet à son cocher.

Et la voiture roula jusqu'au carré Marigny, où nos trois personnages mirent pied à terre.

—Je n'ai pas de témoin, dit le comte pendant que Jacques changeait l'amorce des pistolets.

— Tant pis, dit Simon; il faudra vous en passer, car je ne suis pas d'hu-

meur à vous accorder seulement cinq
minutes. ...

— V'là bien des façons! s'écria Cloquet, est-ce que mon cocher n'est pas là?
Oh! hé! François, attache tes chevaux
à un arbre, et viens nous donner un
coup de main... Faut pas faire la gri-
mace, citoyen! m'est avis qu'un cocher
peut bien être l' témoin d'un gâte-
sauce.

M. de Kerkalec était hors de lui, il
se frappait le visage et s'arrachait
les cheveux.

— Allons, allons, reprit Jacques,
v'là une potion calmante qui va vous
rafraîchir le sang.

Il remit un pistolet à chacun des adversaires et ajouta :

— Nous disons à dix pas.... ça n'est pas trop, car la lune est superbe et on pourrait tuer un lièvre à cent pas.

Il mesura la distance, et décida que les combattans feraient feu en même temps, au troisième coup qu'il frapperait dans sa main.

— Voici le plus beau jour de ma vie! s'écria Simon.

— Prends garde qu' ça n' soit l' dernier, cadet! répondit Jacques... Une!... deux!... Un instant; tâchez de n' pas être plus pressés qu' moi... V'là un tablier d' cuisine qu'y faut mettre par terre : le blanc s' voit d' trop loin, et il faut d' l'égalité.

Le comte arracha son tablier avec fureur et le jeta loin de lui.

—J'ai dit *deux*, reprit Cloquet ; maintenant, attention... *trois !*

Les coups partirent en même temps, et M. de Kerkalec tomba sans mouvement : la balle de Simon lui avait traversé le cœur.

— Ma foi, cadet, s'écria Jacques, j' crois qu' tu n'auras pas la peine de r'commencer.

Ils s'approchèrent tous trois du comte, le soulevèrent, et Cloquet alla prendre l'une des lanternes de sa voiture pour visiter la blessure.

— Il est mort, dit Simon après quelques instans.

— Ça m' fait c't effet-là, répondit Cloquet, et j' crois qu'y peut passer la nuit ici sans craindre d' s'enrhumer...

— Partons, partons! ce n'est plu qu'un cadavre.

Ils remontèrent en voiture et partirent. Jacques semblait très-satisfait; Simon, au contraire, était triste; sa colère avait fait place à un profond accablement.

— Ma foi, mon garçon, lui dit Clo

quet, si tu n'es pas content, faut con-
v'nir que t'es bien difficile! L'diable
m'emporte! on dirait qu' c'est toi qu'es
l'mort...

— Il vaudrait mieux que je le fusse,
mon ami, car j'aurais cessé de souffrir;
et je sens maintenant que, quoi qu'il
puisse arriver, vivre, pour moi, ce
sera toujours souffrir.

— Ah ça! est-ce que tu m'en voudrais encore au sujet d' ta comtesse?

— Non, Jacques, non, je ne t'en veux
plus. A quoi me servirait de la retrouver?

— Diable! ça pourrait te servir à
faire ma paix avec la citoyenne Va-

chelet : mais, entre nous, j' crois qu'y
n' serait pas facile d'mettre la main dessus à présent, et y faudra bien qu' la
citoyenne en prenne son parti. Quant
à toi, cadet, si j'ai un conseil à te
donner, c'est d' laisser les ci-devant
pour c' qui sont, et de n' pas t'inquiéter
d' la marche d' la boutique au sujet des
affaires d' la nation. C'était bon autrefois, quand nous n' possédions qu' deux
fusils et quelques paquets d' cartouches;
mais d'puis qu' les derniers sont d'venus les premiers, que chacun est à sa
place, et qu' c'est à notre tour d'aller
en carrosse, faudrait être l'ennemi d'
soi-même pour s' tuer l' corps et l'âme
à propos de rien. Voyons! qu'est-ce
que nous voulions en commençant?

—Nous voulions régénérer le monde,
Jacques...

— C'est juste ; mais y m' paraît qu'y
n'est pas mal *régéméré* comme ça. Quant
à moi, je l' trouve bien comme il est,
et y m' semble que tu n' ferais pas mal
de n' pas être plus dégoûté qu' moi...
n' fais donc pas la petite bouche, et
lance-toi dans la fourniture : y n'y a
que ça aujourd'hui pour arriver à quéque chose.

— Mais je ne veux arriver à rien !

— Alors fais-moi l'amitié d' me dire
pourquoi t'as poussé à la roue à celle
fin d' faire une révolution. C'est y pour
rester pauvres qu' les patriotes font
couper la tête aux aristocrates ?

— Encore une fois, mon ami, je pense que ton aisance est une juste compensation de la pauvreté que tu as eue à souffrir; mais, pour moi, j'avais rêvé autre chose.... Les malheureux! gâter un si bel avenir! Non, je ne veux plus être leur complice, je ne veux plus d'emploi; je veux avoir le droit de garder toute la haine que m'inspire l'humanité!...

— Comme tu voudras, mon garçon; mais t'auras du bonheur si tu fais grasse chair avec cette monnaie-là.

Et comme en ce moment la voiture arrivait à la porte de Simon, ils se séparèrent.

VIII.

VIII.

Les voleurs.

Dès le lendemain Simon donna sa démission, vendit ses meubles et compta son argent.

— Près de deux mille écus! dit-il,

on peut, avec cela, vivre pendant
quelque temps sans se rien refuser, et
après..... après, je crois que j'aurai assez vécu. Mais s'il me prenait envie de
faire un peu plus de chemin sur cette
sale route, la résolution que je prends
de traiter désormais les hommes et
leurs institutions comme ils le méri-
tent me donnera les moyens de ne
pas manquer du nécessaire tant que
d'autres auront du superflu.... Je ne
sais encore où je vais aller et ce que je
ferai...Qu'importe! il me faut du mouvement, il me faut de l'air : je respire
mal ici, cette uniformité de vie m'est
insupportable.

Il sortit, marcha long-temps sans

but, et ne s'arrêta que lorsque la fati-
gue l'y obligea. Il se trouvait alors hors
de Paris, la journée était fort avancée,
et la faim commençait à se faire sentir.
Simon alors regarda autour de lui, et
apercevant à quelques pas une auberge
de médiocre apparence, il s'y rendit
et se fit servir à dîner.

— Décidément, pensait-il en man-
geant, cette manière de vivre est celle
qui me convient. Point de chefs, point
de subornés, point d'amis, point de domicile fixe, rien qui m'attache à un lieu
plutôt qu'à un autre; je sens que je
souffrirai moins, depuis ce matin je
respire déjà plus librement. Il me faut
du mouvement, une activité conti-

nuelle et pas de contrainte. Cela ne
me guérira pas, cela n'ôtera rien à la
haine que je porte à l'humanité, mais
j'y penserai moins souvent : si la fièvre
est aussi violente, ses accès seront
moins fréquens.

Il fit trève à ses réflexions pour demander du vin à l'hôtesse; il n'était
qu'à moitié du repas, et c'était la troisième bouteille qu'on lui servait.

A une table située à quelque distance de celle où mangeait Simon
étaient quatre personnages qui vidaient
silencieusement quelques bouteilles et
examinaient avec attention notre phi-
losophe patriote.

— Voici un singulier original, dit l'un d'eux à voix basse. Qui diable ça peut-il être ?.... me diras-tu cela, toi, Renard, qui te piques d'être physionomiste et de flairer le gibier d'une lieue?

— Peut-être bien, répondit celui qui était ainsi interpellé. Il boit sec, a le verbe haut et une chemise fine; ça sent l'aristocrate.... mais il ne se sert pas de sa serviette et il essuie son couteau sur son pain, c'est archi-peuple....

— Eh bien! cria Simon à l'hôtesse, me ferez-vous attendre jusqu'à demain cette omelette aux fines herbes? et voulez-vous me contraindre à manger le dessert avant l'entremets?

— Aristocrate fieffé! dit Renard.

Et comme en ce moment on apporta à Simon l'omelette qu'il avait demandée, il la coupa en quatre, l'avala en un clin-d'œil, et vida deux fois de suite son verre après l'avoir engloutie.

— Ma foi, j'y perds mon latin! dit Renard; il y a de tout dans les manières de cette homme-là; mais laissez venir le quart d'heure de Rabelais, et nous en saurons davantage.

Comme il achevait de parler, Simon demanda combien il devait, et

jeta sur la table un louis qu'il tira
d'une bourse dont il était aisé de reconnaître l'embonpoint.

— Aristocrate ou patriote, Renard,
dit celui des quatre personnages qui
avait parlé le premier, c'est un ennemi
qui est en état de payer les frais de la
guerre, et nous n'avons pas besoin d'en
savoir davantage.

Puis, s'avançant vers Simon :

— Citoyen, lui dit-il, vous paraissez
venir de Paris, et nous y allons, nous
y arriverons probablement avant deux
heures d'ici, mais nous ne serions pas
fâchés, avant d'y entrer, de savoir ce
qui s'y passe.

— Il s'y passe des choses fort natu-
relles et fort ordinaires, répondit Simon, dont le vin avait encore exalté
l'imagination : les traîtres commandent,
les imbéciles tremblent, et les gens de
cœur sont persuadés que l'espèce humaine ne vaut pas la peine que l'on
songe à l'améliorer.

— Diable! le tableau n'est pas gai!

— Il est vrai.

— On ne dirait pourtant pas que
vous ayez à vous plaindre du nouvel
ordre de choses?

— Eh! qui vous dit que je me plai-
gne de celui-ci plutôt que de celui-là?
Que la société soit dans la boue par les

pieds ou par la tête, peu importe! elle y est, et il faut qu'elle y soit : c'est son élément. Pour moi, j'aime mieux marcher dans cette fange que de m'y vautrer, et je voyage, non pour fuir le mal, mais pour n'avoir pas le temps d'y penser...

—Et vous vous dirigez vers le Midi?

— Le Midi ou le Nord, peu m'importe! je n'ai pas choisi entre les quatre points cardinaux et entre les trente-deux aires de vent : je donnerais le choix pour une épingle. Suis-je en effet sorti par une des barrières du Midi?

— Probablement, puisque vous êtes sur la route de Lyon.

—Eh bien, autant celle-là qu'une autre!

— Ce qui n'empêche pas, citoyen, que vous ferez bien de passer la nuit ici, car la route n'est pas sûre à trois lieues de Paris, et le jour commence à baisser.

—Oh! les voleurs de grand chemin ne me font pas peur! vraiment, j'en ai vu bien d'autres, et il m'est arrivé de mettre à la raison les plus terribles.

L'interlocuteur de Simon se tut, puis il s'entretint à voix basse avec ses compagnons, tandis que Simon achevait sa dernière bouteille; et après quelques minutes il reprit :

— Bon voyage donc, citoyen! les opinions sont libres...

— Ça n'est pas sûr, répliqua Simon; mais, dans tous les cas, voici de quoi assurer la liberté des miennes...

Et à ces mots, tirant de ses poches les pistolets qu'il ne quittait jamais, il en renouvela les amorces.

— Vous avez raison, citoyen, dit l'inconnu, voici d'excellens compagnons ; mais j'en connais de plus sûrs, ce sont de bonnes carabines avec lesquelles il est facile de mettre, à cent cinquante pas, une balle dans le ventre du plus intrépide pousse-caillou... Bonne chance, citoyen!

Il se leva ; ses compagnons en firent
autant, et tous quatre sortirent de l'auberge. Simon se reposa encore pendant un quart d'heure, après quoi, et
bien qu'il fît presque nuit, il se remit
en route. Il y avait long-temps qu'il ne
s'était senti si dispos ; il avait presque
oublié ses chagrins, ou du moins il ne
s'en souvenait que comme d'un rêve
désagréable. On était au printemps : la
fraîcheur de la soirée, les torrens
d'oxigène qu'exhalait la double haie
d'arbres au milieu de laquelle il marchait, ce ciel si pur, ces étoiles si bril-
lantes ; tout cela lui faisait éprouver un
bien-être indéfinissable dont jusqu'a-
lors il n'avait pas eu l'idée. La société
ne lui semblait plus si hideuse ; il se

sentait de l'indulgence pour toutes les
faiblesses, et pour quelques instants,
dans son cœur, la pitié avait remplacé
la haine. Cependant il marchait toujours, lorsque cette espèce d'extase,
cette douce quiétude furent tout à coup
troublées par une détonation d'arme
à feu; Simon sentit le vent de la balle
qui lui siffla à l'oreille, et son premier
mouvement fut de saisir ses pistolets.

— Parbleu! se dit-il, voici un bonheur sur lequel je n'aurais pas osé
compter! Il y a si long-temps que je n'ai
trouvé l'occasion de jouer ma vie à
pair ou non!...

Un second coup de feu se fit enten-

dre, et, cette fois, la balle vint briser
l'un des pistolets que tenait Simon.

— Si le tireur a visé là, s'écria-t-il,
c'est un gaillard bien adroit! Pourtant
je ne lui conseille pas de venir recevoir mes félicitations de trop près.

A peine avait-il achevé qu'il fut en-
vironné par quatre hommes armés jusqu'aux dents, et, avant qu'il eût ajusté
l'un d'eux, tous se précipitèrent sur
lui et le désarmèrent.

— Parbleu ! dit Simon en reconnaissant les quatre personnages avec les-
quels il s'était trouvé dans l'auberge,
il fallait donc me dire tout de suite de
quoi il retournait; c'est une querelle

que nous eussions vidée sur-le-champ.

— Mais c'est ta bourse qu'il s'agit de vider, citoyen, dit le chef de la bande.

— Oh! vraiment, il n'y a pas grand mal à cela, mes amis; car il est certain que ce que vous voulez faire aujourd'hui serait arrivé dans un mois, six semaines... un peu plus tôt, un peu plus tard, et, dans tous les cas, d'une manière plus monotone.

— Nom de Dieu! s'écria Renard en le bâillonnant avec beaucoup de dextérité, nous ne sommes pas ici pour faire des phrases! en route! nous jaserons plus tard..

Simon se résigna sans beaucoup de

peine; car cela semblait lui préparer
une vie nouvelle, ou tout au moins des
émotions qui lui étaient inconnues; deux
des quatre bandits le prirent bras dessus
bras dessous; les deux autres ouvrirent
la marche, et l'on le mit en route à
travers champ. Simon était fort calme,
et ne regrettait qu'une chose, c'était de
ne pouvoir parler; mais il espérait que
cette situation ne durerait pas long-
temps.

— De deux choses l'une, pensait-il:
ces misérables ont peur de moi, et dans
ce cas il leur est bien facile de m'en-
pêcher de leur nuire, ou ils en ont besoin et ne veulent me faire des ouver-
tures qu'en lieu sûr; nous verrons...

Voleur de grand chemin! c'est une page qui manquait à mon histoire... nous verrons!...

Ils marchèrent ainsi pendant plus d'une heure; Simon commençait à être horriblement fatigué, et depuis quelques instans il ne marchait qu'avec difficulté, lorsque la caravane arriva près d'un énorme monceau de pierres de taille posées çà et là, sans soin et sans ordre. On fit quelques pas encore, et Simon sentit une sueur froide couvrir tout son corps en apercevant la large bouche du puits d'une carrière dans laquelle il pensa qu'on voulait le précipiter. Le chef fit faire halte, s'approcha seul sur le bord du puits,

et, se penchant vers l'abîme, donna
trois coups de sifflet qui semblèrent se
répéter dans les entrailles de la terre.
Presque au même instant, une lumière
brilla à cent pieds au-dessous du sol,
et un mât immense, garni de chevilles
transversales, se dressa contre les pa-
rois du puits.

— Faites suivre le prisonnier, dit
Renard en se plaçant sur les premiers
échelons. Et toi, citoyen, ajouta-il en
s'adressant à Simon, fais attention de
ne pas te laisser tomber dans la ruelle,
car il est certain que tu ne te ramasse-
rais pas tout entier.

Simon en avait déjà pris son parti:

aussi ne se le fit-il pas répéter ; il prit sans hésiter le chemin que lui indiquait son interlocuteur, et commença à se rassurer en pensant que si ces gens avaient voulu en finir promptement avec lui, rien ne leur eût été plus facile que de le faire descendre sans échelle et de manière à lui ôter pour toujours les moyens de remonter.

—Ma foi ! pensait-il, qui vivra verra ! et bandits pour bandits, j'aime mieux ceux qui acceptent franchement les conséquences de leur métier que ceux qui veulent, à toute force, passer pour honnêtes gens. Et puis je croyais avoir tout vu dans ce monde, et c'était peut-être pour cela qu'il me déplaisait si fort;

voici du nouveau, et je croyais qu'il n'y en avait plus pour moi!...

Et comme en raisonnant de la sorte Simon descendait toujours, il sentit enfin le sol et se mit à regarder autour de lui.

— Allons donc, citoyen, lui dit Renard, pensez-vous que nous n'ayons rien de mieux que le fond d'un puits à offrir à un homme de votre mérite?.... vous avez pu prendre en mauvaise part notre politesse, qui ne ressemble pas à celle de tout le monde; mais maintenant que nous sommes chez nous, il est juste que vous sachiez à qui vous avez affaire...

— Crois-tu que ton tour soit venu

de parler pour ne rien dire, Renard? s'écria le chef de la bande, qui marchait immédiatement après Simon.

— Ne nous fâchons pas, mon ancien! Moi je tiens aux procédés, c'est mon fort!... d'autant plus que le citoyen m'a tout l'air d'un individu capable d'apprécier les choses...

— C'est ce que nous saurons bientôt... Marchez donc, nom de dieu! je suis dans l'eau jusqu'aux genoux.

Cela était vrai; il se trouvait dans la longue galerie qu'ils suivaient des espaces de huit ou dix pieds envahis par l'eau, et la voûte était quelquefois si basse qu'il fallait presque marcher sur

les genoux. Deux hommes qui, munis
de torches, précédaient les nouveaux
venus, avaient soin de les avertir de
tous les accidens de terrain, ce qui
n'empêchait pas cette marche d'être
difficile et très-fatigante.

— Devons-nous marcher jusqu'en
enfer? demanda Simon, qui était par-
venu à se débarrasser de son bâillon.

— Patience, citoyen, dit Renard;
nous voici à la porte du paradis.

A peine eut-il prononcé ces mots
qu'ils pénétrèrent dans une chambre
voûtée, meublée avec élégance, et
qu'éclairait un grand nombre de bou-

gies. Simon, bien que captif, se ré-
jouissait presque de son aventure.

FIN DU TOME SECOND.

TABLE

DU TOME SECOND.

—